中国传统海洋文明丛书·孙关龙　宋正海　刘长林　主编

中国古代海洋船舶

席龙飞　著

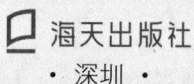
海天出版社
· 深圳 ·

图书在版编目（CIP）数据

中国古代海洋船舶 / 席龙飞著. — 深圳 : 海天出版社, 2019.12
（中国传统海洋文明丛书 / 孙关龙, 宋正海, 刘长林主编）
ISBN 978-7-5507-2793-9

Ⅰ. ①中… Ⅱ. ①席… Ⅲ. ①海船—研究—中国—古代 Ⅳ. ①U674-092

中国版本图书馆CIP数据核字（2019）第279164号

中国古代海洋船舶

ZHONGGUO GUDAI HAIYANG CHUANBO

出 品 人　聂雄前
项目负责人　韩海彬
责任编辑　曾韬荔
责任技编　梁立新
责任校对　万妮霞
装帧设计　　Smart 深圳斯迈德设计 0755-83144228

出版发行　海天出版社
地　　址　深圳市彩田南路海天大厦（518033）
网　　址　www.htph.com.cn
订购电话　0755-83460239（邮购、团购）
排版制作　深圳市斯迈德设计企划有限公司（0755-83144228）
印　　刷　深圳市新联美术印刷有限公司
开　　本　787mm×1092mm　1/16
印　　张　15.75
字　　数　210千
版　　次　2019年12月第1版
印　　次　2019年12月第1次
定　　价　58.00元

导　言

　　船舶作为运输工具，在各个历史时期都发挥着重要作用。船舶的运输量大而且成本相对低廉。当今，随着科学技术的发展与进步，洲际的客运已经完全由航空业所取代，但是，能源、铁矿砂，以及大量的件杂货等，仍需要船舶来运输。国际贸易货物的 80% 以上仍需要船舶来进行海上运输。

　　船舶，通常反映或代表着同一时代最先进的技术成就。因此，一个国家造船业的发展水平，通常也就能够反映该国经济与技术的发展水平。

　　中国跨湖桥文化遗址 8000 年前的独木舟，是世界上已发现的早期独木舟中的一例。早在公元前 700 年的春秋时代，中国舰船就开始进行海战和海上航行。秦代徐福入海求仙药并东渡日本的佳话，在中国和日本的民间盛传而且经久不衰。在公元前的汉代就开辟了从中国沿海的徐闻、合浦出发，经南洋诸国而到达印度半岛南端和斯里兰卡的海上丝绸之路。在唐、宋、元三朝，国力强盛，中国的造船业和航海业都相当先进。船尾舵、车轮舟、水密舱壁和指南浮针，是中国古代造船术四大发明，是对全世界造船技术的重要贡献，所有这些也都为全世界的科技史学家所公认。明代初年由明成祖朱棣派遣的郑和下西洋开创了世界航海史的先河。郑和的洲际远航要比哥伦布、达·伽马和麦哲伦的航海早七八十年到一百多年。英国著名学者李约瑟在他的《中国的科学与文明》中写道："明代文

献中有关郑和船队旗舰的尺度，乍看似乎难以置信，但实际上丝毫不是‘奇谈’。”接着他还对明朝的水师加以概括："在明朝全盛时期（1420 年前后），其海军也许超过了历史上任何时期的亚洲国家，甚至可能超过同时期的任何欧洲国家，乃至超过所有欧洲国家海军的总和。"

然而，明代和清代实行的海禁和锁国政策，导致中国的造船业和航海业一落千丈。

在清代乾隆三年（1738）到乾隆九年（1744）间，瑞典以一艘远洋货船"哥德堡号"，三次往返于瑞典哥德堡港与中国广州港之间。其每个航次所载运的中国丝绸、瓷器和茶叶等货物，经过拍卖后所得的利润竟能相当于该国当年一年的国民生产总值。可此期间的大清国已经不再从事远洋航海，也没有了能够从事远洋航海的船队。考察一下中国造船业的发展历程，竟是这样的触目惊心。

在《中国古代海洋船舶》的写作中，笔者既重视引用古代文献，更注重披露出土古船的发掘与研究成果，此其一。其二，经常引用经复原研究的古船模型和相关图片，尽量为读者提供历代船舶的形象资料。其三，在学术界，对有关问题进行学术争鸣是极其正常的，笔者会提供争辩双方的观点供读者思辨，这或许会引起读者的阅读兴趣并加深对问题的认知。

中国是一个文明古国，而《中国古代海洋船舶》则能反映我文明古国的一个侧面，一个很重要的侧面。

目录

第一章　独木舟及上古时代的舟船活动

第一节　新石器时代的木桨与独木舟

一、新石器时代一批木桨在浙江出土

在 1956 年和 1958 年，我国考古工作者分别在濒临太湖的吴兴钱三漾和杭州水田畈两处文化遗址，发掘出新石器时代末期的一批文物，其中有许多木桨。据鉴定，这些都是 4700 年前的遗物。伴随这一批古木桨出土的，有犁、锛、斧、刀等石器，还有陶器、竹编织物、其他木器以及种子等遗物。这批古木桨，是新石器时代末期人们开展水上活动的实物证据。杭州水田畈木桨，分宽窄两种：宽者叶宽而扁平，宽 26 厘米，厚 1.5 厘米，末端削成尖状，另作桨柄捆绑其上（图 1-1 上）；窄者数量较多，桨叶宽 10—19 厘米，用整根木料削成，桨柄呈圆锥形。吴兴钱三漾木桨以青冈木制成，桨叶呈长条形，长 96.5 厘米，稍有曲度，凸起的一面正中有脊，柄长 87 厘米（图 1-1 下）。这一批木桨的发现足以证明，在长江中下游和滨海地区，在新石器时代，舟船活动就已相当广泛。舟楫的出现和应用，对于促进生产发展和文化交流都具有重大意义。

按说吴兴钱三漾所在的太湖地区，还有杭州水田畈所处的钱塘江之畔，都地处长江三角洲，自古以来就有发达的舟船文明是可以理解的。但是在两篇发掘报告中则说这两处遗址代表的文化，是地处山东章丘的龙山文化南进的结果，则很不好理解了。

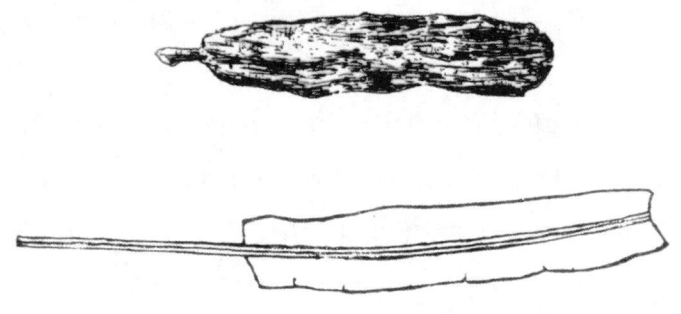

图1-1　杭州水田畈、吴兴钱三漾出土的木桨

接着又在同是浙江省的余姚河姆渡新石器时期文化遗址也发掘出一批木桨。河姆渡遗址距今约 7000 年。经过 1973 年和 1978 年的两次发掘，获得了丰富的科学资料，出土的生产工具和生活用具 6000 多件，其中就有几把古木桨。图 1-2 为河姆渡木桨出土现场的照片。该桨的桨叶与桨柄采用同一块木料制成，残长 63 厘米，残宽 12.2 厘米，厚 2.1 厘米，做工精细，桨柄与桨叶接合处，阴刻有弦纹和斜线纹图案。柄部，断面呈圆角方形，粗细仅容手握。

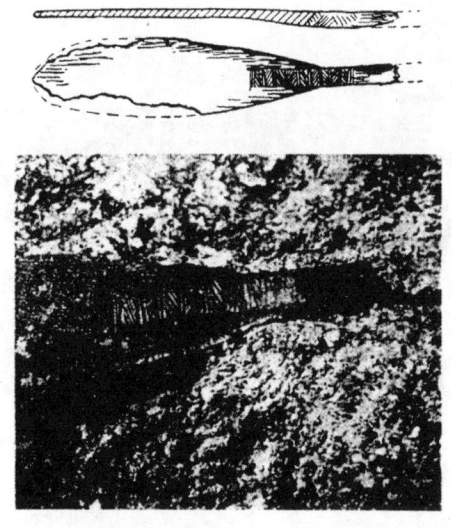

图1-2　7000年前的河姆渡雕花木桨（牟永抗提供）

许多考古学家认为，这把精美的木桨表明，河姆渡遗址的人们，当年已经在追求美并创造美。这把桨既是物质财富，也是具有代表性的精神财富。鉴于河姆渡遗址的年代早在距今 7000 年以前，与黄河中游大约在 6500 年以前的仰韶文化相比，还更早些，在发掘报告中，第一次明确提出："长江流域也是中华民族古代文化的摇篮。"1980 年，笔者曾向浙江省文管会的考古学家去信求教：为什么以前说是龙山文化的南进，现在又说长江流域也是古代文化的摇篮？浙江的考古学家牟永抗先生回信说："前一说法已经过时，望勿再引用。后面一种学术见解已为广大考古学家和历史学家所接受和赞同。"

20 世纪 80 年代初，笔者曾参观过地处杭州西湖畔的浙江省博物馆。河姆渡古木桨被展出在序馆的最醒目的位置，这个序馆给我的深刻印象就是"长江流域也是中华民族古代文化的摇篮"。

在浙江余姚河姆渡发现的距今 7000 年前的木桨，可以说是当今世界上最为古老的木桨。我的这一论断在 1991 年联合国教科文组织召开的海上丝绸之路国际学术会议（泉州）上，得到与会各国学者的赞同。2000 年，笔者在《中国造船史》中写道："显而易见，这样做工精细的木桨，绝不会是最原始的。原始木桨的出现当然会更早，如果推到 8000 年前或更早一些，应当说也在情理之中。考古学家认为，桨是随着船的出现而出现的，有舟未必有桨，有桨却必定有舟。独木舟在长江中下游和滨海地区形成于 8000 年前或更早，也概可定论。"这是笔者的推论，也是一种预言。

看来，笔者的上述推论，或者说是预言，未免有些大胆，尽管它是符合逻辑的。与其说是推论或预言，不如说是船史研究工作者的梦想。推论也好，预言也好，梦想也好，居然在笔者有生之年实现了，这当然是始料未及的。

二、在浙江萧山跨湖桥遗址出土了 8000 年前的独木舟

2002 年 11 月，笔者接到国内知名文物保护专家、泉州海外交通史博物馆副馆长李国清研究员的电话，得知在杭州萧山发现新石器时期的独木舟。李副馆长还告知：萧山跨湖桥遗址考古队队长蒋乐平将有电话与我联系。不久就接到浙江省文物考古研究所蒋乐平副研究员的电话，他兴奋地通报说，他们发掘到的是距今 7600—8200 年前的独木舟。他还热情地邀我尽早去遗址考察。

2002 年 12 月 14 日下午，笔者结束对澳门海事博物馆的考察访问直奔浙江，从杭州萧山国际机场一出来，径直驱车到萧山跨湖桥遗址。在现场，我生平第一次见到了先用火烧再用石器剞制出的独木舟（图 1-3）。由于经过长期使用，舟体的内表面被磨得很光滑，但是大面积被火烧过的痕迹犹存。在独木舟的近旁不仅有相当数量的木材，更有两把正在加工中的木桨。发掘报告《跨湖桥》（文物出版社 2004 年版）有独木舟的测绘图，如图 1-4 所示。

图1-3　浙江萧山跨湖桥遗址出土的独木舟（席龙飞摄）

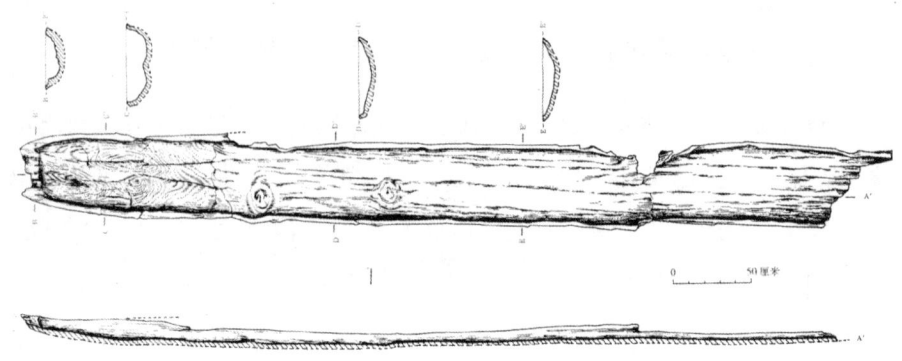

图1-4　跨湖桥遗址独木舟测绘图

　　让人惊叹的是，在离独木舟几米远的地方发现一块编织物，其纹理的精细、编织的工整，实不亚于现代人的工艺水平，如图1-5所示。我们祖先的劳动技巧和技艺水平实在是远远超出我的想象。

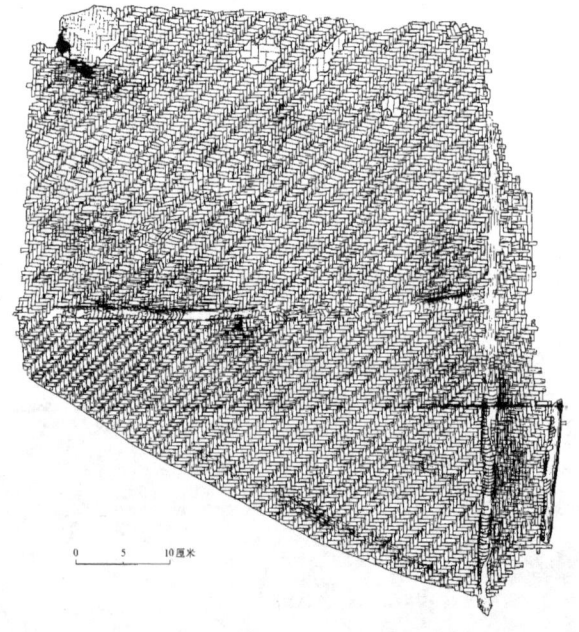

图1-5　跨湖桥遗址发现的编织物测绘图

在跨湖桥独木舟附近发现的编织物，做工精细，编织时还在其中夹着横向和竖向的木质杆状物体，这样就会使编织物展开成为一个平面。这块编织物是做什么用的？对此我一直都存有疑问。我曾看到有的作者写文章，说将这块编织物竖起来就可以当作风帆，可以用来驶风。我赞叹这位作者想象力的丰富。在新石器时代就有类似的风帆，我还是不敢相信，还是存疑为善。

跨湖桥独木舟的发现证实了恩格斯关于"火和石斧通常已经使人能够制造独木舟"的论断。不过，对我们中国来说，或者对跨湖桥遗址来说，制造独木舟使用的是火和石锛。"笔者以为，在跨湖桥，在中国，独木舟是用石锛制造的，原因有三：（1）在跨湖桥遗址出土的石器中以石锛为最多；（2）在刳制独木舟时，与石斧相比，石锛更为有效；（3）晚于跨湖桥遗址1000年的河姆渡遗址出现有段石锛，更适于制造独木舟，影响所及不仅在我国东南沿海，对太平洋广大地区都产生了重大影响。"①不过，跨湖桥石锛与河姆渡有段石锛之间是否有传承关系，有怎样的传承关系，尚需进一步研究。

图1-6至图1-10为各型石锛图形举例。图1-6为Aa型石锛，平面呈梯形，长12厘米，宽6厘米，厚2.6厘米。图1-7为Ab型石锛，器形小而薄，弧刃，长宽相近，均约6.1厘米，厚1.2厘米。

图1-6　Aa型石锛

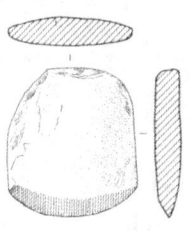

图1-7　Ab型石锛

---

① 席龙飞.中国古代造船史［M］.武汉：武汉大学出版社，2015：24.

图 1–8 为 Ba 型石锛，该器形特别厚重，偏刃。图 1–9 为 Bb 型石锛，平面略呈梯形，刃部缺一角，长 10.4 厘米，宽 4.2 厘米，厚度较薄，只有 2.4 厘米。

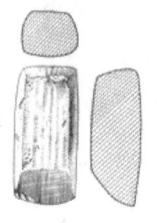

图1–8 Ba型石锛   图1–9 Bb型石锛

图 1–10 为 C 型石锛，长条形，长 10.4 厘米，宽 4.2 厘米，厚 2.4 厘米，弧刃，略崩残。

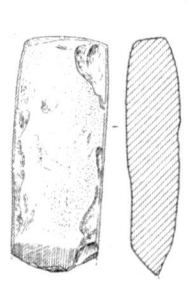

图1–10 C型石锛

在发现有相当数量石锛的同时，还发现有与之相配套的木柄。这些石锛的木柄，或完整，或有残断。由于经过长期使用，已经被磨得非常光滑，甚至可以被看成是精致的工艺品。图 1–11 为典型的与石锛相匹配的 B 型石锛柄，制作规整；器柄残，残长 12.3 厘米；锤头完整，长 9.5 厘米。

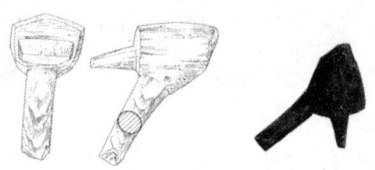

图1-11　B型石锛柄

图 1-12 为两型石锛柄。左图器形较小，保存完整，器柄略弯，通长 38 厘米，锤头长 8 厘米。右图柄残略弯，器柄残长 34 厘米，锤头长 16.5 厘米。

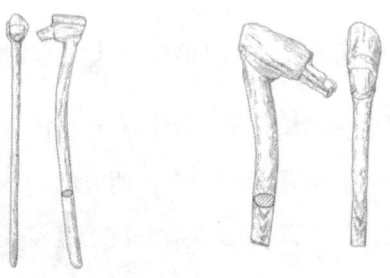

图1-12　两型石锛柄

在河姆渡遗址还采集到一件舟形陶器，如图 1-13 所示。该器舟体形线圆滑流畅，说明这已经不是最原始的独木舟了。

图1-13　河姆渡新石器遗址出土的舟形陶器

舟形陶器有人认为是艺术品，有人认为是冥器，也有人说是玩具。考古工作者认为：不论舟形陶器是艺术品也好，是冥器也好，是玩具也好，

这些陶器确是仿实际生活存在的器物而塑造的。舟形陶器的发现说明客观实际中存在着舟船。这些考古学成果证明：长江流域确实是我国舟船重要的发源地。

浙江萧山跨湖桥遗址的独木舟，不仅在中国、在亚洲是最为古老的，就是在全世界范围来说也是罕见的。笔者仅知的一例是在荷兰发现的公元前 6315±275 年的独木舟。按制造年代而论，浙江萧山跨湖桥独木舟与荷兰独木舟大体上是相当的。据《跨湖桥》一书的报告，独木舟存在的"2001 年、2002 年发掘区湖Ⅳ—湖Ⅰ层，年代距今 8200—7800 年"。面对跨湖桥出土的大量器物，作为中华儿女，我们为之骄傲和自豪。

三、跨湖桥独木舟凸显中国舟船文化的辉煌

中国发明的船尾舵、车轮舟、水密舱壁和指南浮针，对世界造船及航海技术做出了重要贡献。但是若干年来，西方的一些学者流行一个观点，即中国不曾发明独木舟，中国的木船是由筏子直接发展和演变的，即他们认为中国船的底部没有龙骨。日本学者上野喜一郎在其于 1980 年出版的《船の世界史》中竟然说"中国船是以没有纵向构件为特征的"。上野喜一郎还认为中国人按照传统的方式造船，因为不采纳外国任何进步的造船技术，所以几千年来并无任何大的改良和进步。然而在《船の世界史》出版前 5 年，在中国的福建泉州湾出土了带有宽 42 厘米、厚 27 厘米的方形龙骨的宋代海船，可见泉州宋船的精湛技术，为世界各国同时代古船所罕见。它的二层板、三层板技术和用舱壁分隔成 13 个大舱的技术以及使用铁钉和捻缝的技术，也证实了《马可波罗行纪》和日本学者桑原骘藏的《蒲寿庚考》等著作中对中国船的论述和考证。

现在，浙江萧山跨湖桥独木舟的出现，凸显中国舟船文化的辉煌。跨湖桥 8000 年前独木舟的实证，足以澄清某些学者对中国舟船文化的误解和偏见。

第二节　在商代出现了木板船

一、甲骨文中的"舟"字确证木板船的出现

中国的木板船最晚应该是出现在商代，最有力的证据就是在商代的甲骨文中出现了"舟"字。

甲骨文是镌刻在龟甲和兽骨上的文字，最早在 1899 年发现于河南安阳小屯村一带。这是中国最为古老的汉文字。在甲骨文中发现有"舟"字和带"舟"字偏旁的字（图 1-14）。我国学者普遍认为：从"舟"字可以看出它所表征的舟，是由纵向和横向构件组合的木板船，出现在距今约 3500 年到 3000 年以前的商代。

图1-14　甲骨文中的"舟"字和带有"舟"字偏旁的字

在商以后，到了周代，已经有了关于舟船的记载。《史记·周本纪》记有："昭王之时，王道微缺。昭王南巡狩不返，卒于江上，其卒不赴告，讳之也。"《史记正义》引《帝王世纪》："昭王德衰，南征，济于汉。

船人恶之，以胶船进王。王御船至中流，胶液船解，王及祭公俱没于水中而崩。"按《通俗文》的记述是："当昭王攻楚时，有人向楚君献策，令船匠大造王舟，用胶粘合船板，泊在汉水渡口，待周昭王到达汉水，由楚君假意相迎，请周王登胶舟使其与舟共溺中流。"从这一系列叙述中，可以看出当时地处长江、汉水平原的楚国，已经具备了相当高超的造船技艺。

由周昭王因乘船死于汉水，天子的乘船安全问题引起了注意，并建立了制度，还配备了相应的官员，叫作舟牧，大约要承担类似于今日验船师的职责。如《礼记·月令》所记："季春之月……命舟牧覆舟，五覆五反，乃告舟备具于天子焉。天子始乘舟。"看来，长江流域不仅是中国舟船重要的发源地，而且在这里还最早建立了验船制度并最早设立了"验船师"岗位。

二、独木舟向木板船演变中的两个实例

商周时代的木板船，迄今还没有任何考古发现。独木舟是怎样向木板船过渡的，也缺少深入研究。不过，在我国的考古发现中获得的独木舟正在向木板船演变中的两个实例，倒是可以帮助人们认识和理解这个演变过程。

1. 江苏武进古船

1975 年，在江苏武进万绥镇蒋家巷通往长江的古河道上，发现一艘古船。①古船结构形式奇特，包括船底、一侧船舷、木榫和木销子。②底部板由三段木材组成，搭接处用 4 只 5 厘米 ×5 厘米的方榫固定。底部中段残长 2.22 米，宽 0.58—0.64 米，厚 0.12—0.20 米，底部的两侧开有与船舷

---

① 王正书，杨宗英，黄根余.川沙县、武进县发现重要古船——从独木舟向木板船的过渡形式 [J].船舶工程，1980（2）：62.

② 武进县文化馆，常州市博物馆.江苏武进县出土汉代木船.考古 [J]，1982（2）：373-376.

板相榫接的长方形榫孔。船舷是用独木一剖为二刳空而成。外缘仍保持原木的形态，内缘经挖凿表面不齐整，厚薄也不均，内径为 60—100 厘米，残长 4.6 米。这圆板形舷材的下边沿也开有与船底木材孔距完全相同的榫孔，用木榫与船底材相榫接。榫接的方法是一边由外向内插榫，另一边由内向外插榫，插孔呈斜面。木榫长 42 厘米，宽 8 厘米，厚 5—7 厘米。这种长木榫可以插得很深，榫帽又合缝镶嵌在木板内，不易移位，因此有很强的牢度。经榫接的船体横剖面形状和船底材搭接的方式如图 1–15 所示。

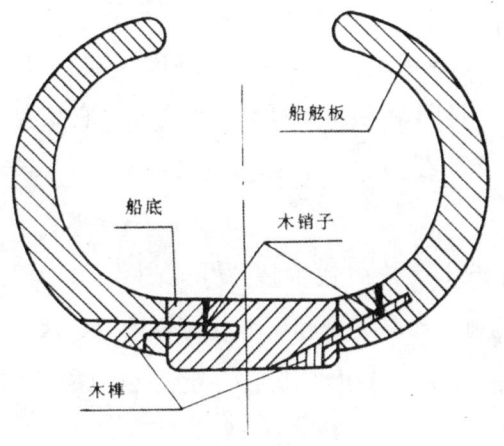

图1–15　江苏武进县万绥镇出土的古船

　　江苏武进万绥古船的两舷具有独木舟的形态，然而底部又采用一块厚重的木板，是一艘典型的复合舟，是由独木舟向木板船过渡的一种形态。江苏武进古船周围出土的遗物，多为汉代器物。木船的年代，先经南京大学地理系碳 –14 测定为距今 2195 ± 95 年；又经中国考古研究所碳 –14 测定为距今 1945 ± 85 年。据此可断定木船是西汉时期的遗物。

　　江苏武进古船虽然不是很典型的木板船，但它却反映了一种较为原始的技术状态。它的宝贵之处就在于为今人提供了一个很典型的实例，即由独木舟向木板船过渡的一种形式。

2. 上海川沙县川扬河古船

1979 年，在上海浦东川沙县川扬河开掘过程中，于北蔡镇出土一艘造型别致的古船。[①]古船被发现于吴淞口水准零点以下 95 厘米，距地表 4.6 米处。该处在 6 世纪为古海岸。

古船残体结构十分简单，通体只有三部分，即一条独木舟，两舷装有舷侧板。这是一艘典型的加板独木舟。船底由三段独木连接而成，中段长 11.62 米，宽约 90 厘米，厚约 42 厘米，形似独木舟，只是所挖去的部分较浅，只有 10 厘米。古船的舷侧板是厚度为 5 厘米的独幅木板，弧形，有经过火烤加工的痕迹。舷板用钉钉接在船底独木两侧深 5 厘米的接口上，在接口处填了大量油灰，未发现麻丝等掺入物。在舷板距口沿 6 厘米的水平线上，有一排间距为 24.5 厘米的小方孔，它是安装横向支撑的榫孔。古船的残体及复原后的横剖面图如图 1-16 所示。该古船复原后的总长约 18 米。

伴随古船曾出土一枚唐代铜钱"开元通宝"，其形制与武德四年（621）开元钱相符。参与发掘和研究的博物馆专家认为，这艘古船可能造于隋代，至唐武德年间尚在使用。这一论断也为古船木料标本碳-14 测定所证实。

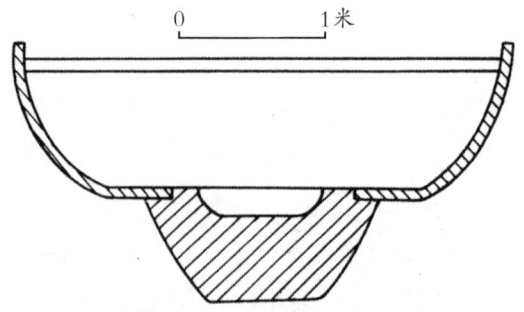

图 1-16　上海川沙县川扬河古船的结构

---

① 王正书. 川扬河古船发掘简报［J］. 文物，1983（7）：50.

江苏武进万绥镇古船和上海川沙县川扬河古船，是独木舟向木板船过渡过程中的典型实例。这两则典型实例雄辩地说明，独木舟也是中国船舶的祖式，是独木舟进化为当今船舶的龙骨，进而否定了中国不曾有独木舟和中国古船没有龙骨的观点。

第三节　夏商周时代的舟船活动

一、《竹书纪年》对海上活动的记述

夏朝是中国上古史上的第一代世袭王朝，中国社会也正是在夏朝时由石器时代进入青铜器时代。《左传·宣公三年》记有："夏……铸鼎象物，百物而为之备。"鼎是一种古代炊具，其体积硕大，外形复杂。当时的人们既能铸造鼎，当然也不难造出其他的器皿、武器和生产工具。

夏朝的统治中心虽在平原地区，但从一些传说和记载来看，夏后氏同水运、航海也有密切关系。例如夏朝的始祖大禹即以善于治理洪水而著称。相传他"陆行载车，水行载舟"。后来传说少康的儿子抒曾"征于东海"，则表明夏朝军事政治势力由中原地区扩张到沿海一带。[①]

我国最早的编年体史书《竹书纪年》记载夏朝第九代帝王帝芒曾"东狩于海，获大鱼"。当时应有大批随从跟着，并组成浩浩荡荡的船队。《禹贡》则载："扬州……厥包橘，柚锡贡，沿于江海，达于淮泗。"《史记·夏本纪》中也说："其包橘、柚锡贡，均江海，通淮、泗。"这里的"均"在古代读为"沿"，有顺水航行之意。从扬州的贡物沿江入海，沿海北上，再溯淮水入泗水，到达中原地区，可见夏朝航海运输已有相当的

---

① 姚楠，陈佳荣，丘进. 七海扬帆［M］. 香港：中华书局，1990：10.

规模。稍后，在我国古代史上以善于航海著称的百越人，据传也是夏禹的子孙。《史记·越王勾践世家》记有："越王勾践，其先，禹之苗裔。"

二、《诗经》有"相土烈烈，海外有截"的赞颂

商是继夏而兴起的国家。商灭夏以前，已是我国东部一个兴旺的部落。《诗经·商颂》在追颂商汤的祖先相土时，有"相土烈烈，海外有截"的赞颂。

今人对"海外有截"尚有不同的理解：有的认为当时商部落已有海外的领地；有的则解释为"四海诸侯截然归服"。郭沫若则提出"可能相土的活动已经到达渤海，并同'海外'发生了联系"①。商朝的武丁时期曾不断对外用兵，在排除西北方面的侵扰之后，武丁曾"南击荆蛮"，即《诗经·商颂》所载："奋伐荆楚，深入其阻，裒荆之旅。"这是武丁时期商人在江汉流域打了大胜仗的记述，说的是武王讨伐荆楚，深入其险要之地，俘虏了众多的楚兵。这说明商朝的势力拓展到了长江流域。随着商人对外战争的不断胜利，商的疆域也日益扩大起来。

章巽教授以商末周初时有商的王族箕子出走朝鲜之事，说"看来商朝一代已超出近海，而在渤海以东发展了海上交通"②。

三、武王伐殷时曾以舟船强渡孟津

在商朝最后一个帝王，即纣王，被周武王攻灭的决定性战役中，周军在孟津（今洛阳市北）渡黄河时，用船舶做了敌前抢渡。《艺文类聚》引《太公六韬》："武王伐殷，先出于河，吕尚为后将，以四十七艘船济于河。"《史记·周本纪》记有：武王"率戎车三百乘，虎贲三千人，甲士

---

① 郭沫若. 中国史稿：第一册［M］. 北京：人民出版社，1976：157.
② 章巽. 我国古代的海上交通［M］. 北京：商务印书馆，1986：3.

四万五千人以东伐纣,十一年十二月戊午,师毕渡盟(孟)津"。用船队来执行军事运输任务,表明水上运输之发达。47 艘船往返抢渡数万甲兵和数百战车,说明在商朝末年已经有供许多名桨手撑驾的较大型船舶了。

四、"造舟为梁"和"于越献舟"

周族是居住在今陕西渭水中游以北的一个历史悠久的部落。西周时期与船舶有关的记述,流传最为广泛的是周文王用舟船搭成浮桥迎娶新娘的故事。《诗经》记载:"亲迎于渭,造舟为梁,不显其光。"这里的"造舟为梁"是我国以舟船搭浮桥的最早记录,距今 3100 多年。周朝还制定了按官阶和身份等级乘船的制度。《尔雅》中记有:"天子造舟(用船搭浮桥),诸侯维舟(并联四舟),大夫方舟(并二舟),士特舟(单舟),庶人乘桴(筏)。"

当时我国东部沿海一带,分布着相当强大的夷人,其中较重要的有山东半岛东部的莱夷,淮水下游一带的徐夷和淮夷,还有领地相当于今江苏南部太湖以东一带的吴人,以及浙江沿海一带的百越人。夷人、吴人和百越人,濒海而居,素有渔、盐之利,普遍使用舟船,尤其百越人以善于造船而著称。《艺文类聚》引《周书》有"周成王时,于越献舟"的记载。周成王为周武王之子,于越在今江浙一带,献舟必经海上航行,绕山东半岛,入济水才能到达中原。"越人造船历史悠久,技艺高超,所谓献舟,实际上是献上了宝贵的造船技术和航海知识。这对周人的造船与航海技术当有重大推动。"[1]

① 姚楠,陈佳荣,丘进.七海扬帆[M].香港:中华书局,1990:12.

第二章　春秋战国及秦汉时代的船舶

第一节　春秋战国时代的水战、水运及船舶

一、春秋战国时代的水战

春秋时代各诸侯国之间的兼并战争激烈而频繁，从田亩辽阔的中原到江河交错的江南，争战四起。中原争战用车，江南水战则以舟船为主。战争的需要，推动了造船业的发展，也促进了船型的多样化。

《文献通考·兵》载："用舟师自康王始"，说的是楚康王十一年（前549）"楚子为舟师以伐吴，不为军政，无功而还"（《左传纪事本末》）。公元前525年，又发生了一次激烈的水战，是吴国派公子光率舟师逆长江而上攻打楚国，结果反而被楚国俘去王舟艅艎。这就是《史记·吴太伯世家》所载："王僚二年，公子光伐楚，败而亡王舟。光惧，袭楚，复得王舟而还。"自此之后，水战频仍，不仅在江河作战，甚至发展到海上作战。吴王夫差十一年（前485），"徐承帅舟师，将自海入齐，齐人败之，吴师乃还"（《左传纪事本末》）。《吴越春秋》记述着吴楚水师的大小战例20余起。吴越之间，水战也很频繁。

吴国的战船有大翼、中翼、小翼，另外还有楼船、突冒、桥船等。《越绝书》关于吴王阖闾与伍子胥讨论水师训练方法的对话记有："阖闾见子胥：敢问船运之备何如？对曰：船名大翼、小翼、突冒、楼船、桥船。今船军之教，比陵军（陆军）之法，乃可用之。大翼者当陵军之车，小翼者当陵军之轻车，突冒者当陵军之冲车，楼船者当陵军之行楼车也，桥船者当陵军之轻足骠骑也。"[1]吴国战船大翼长十二丈，宽一丈六尺，"容战士二十六人，棹（卒）五十人，舳舻三人，操长钩、矛、斧者四，吏仆夫长各一人，凡九十一人"[2]；中翼长九丈六尺，宽一丈三尺；小翼长九丈，宽一丈二尺。据考证，晚周到战国时的尺度，每尺约相当于 0.23 米[3]，折合成今日的米制，大翼长 27.6 米，宽 3.68 米；中翼长 22.08 米，宽 2.99 米；小翼长 20.7 米，宽 2.76 米。其长宽比分别为 7.5，7.38，7.5。这三翼战船船体修长，若顺水而下，再用 50 名桨手奋力操桨，则船行如飞。

二、吴国战船大翼与王舟艅艎

2000 年，浙江嘉兴在筹建船文化博物馆，我们的学术团队应邀为之复原制造吴国的战船大翼模型。春秋时期战船的形象资料，在出土和传世的战国时期的铜鉴和铜壶上得到了生动而翔实的反映。战国水陆攻战纹铜鉴于 1935 年在河南省汲县（今卫辉市）山彪镇一号墓出土，战船纹如图 2-1[4]。

图2-1　战国铜鉴的战船纹

---

① ［宋］李昉等.太平御览：卷七七〇［M］.北京：中华书局，1960：3413.

② ［宋］李昉等.太平御览：卷三一五［M］.北京：中华书局，1960：1450.

③ 丘光明.中国历代度量衡考［M］.北京：科学出版社，1992：6-8.

④ 郭宝钧.山彪镇与琉璃阁［M］.北京：科学出版社，1959：20.

　　铜鉴上的水战画面，描绘了左右相对行驶的两艘战船，形制大致相同，都是船身修长，首尾起翘。战船设有甲板，战士在甲板上面作战，划桨手在甲板下面的船舱内划桨。划桨时采用立姿，划桨手身佩短剑。每船虽只绘出 4 名桨手，但左右舷当为 8 人。看来这种战船并没有风帆，完全以人力划桨作为动力，也没有尾舵。甲板之上在船首竖立大旗，旗杆顶端安有戟头。旗后排列三个战士，为首的一个正俯身挥剑杀敌，看上去像是阻止和刺杀欲登船之敌人。随后的两个战士手持长柄的戟和矛，正在厮杀。船尾立一鼓架，上悬金鼓，下置钲，钲是铜制行军中的乐器。鼓架后立有战船的指挥，一手持戟，一手握桴击鼓。战船上所有的战士皆腰佩短剑。右面的战船其形制与左船基本相同，只是击鼓的指挥员双手各执一桴，鼓前的战士正在张弓搭箭待发。

　　另一件重要的青铜器是北京故宫博物院藏传世文物宴乐渔猎耕战纹铜壶，其拓本如图 2-2。无独有偶，1965 年又有成都市百花潭中学战国时期十号墓中出土一件与之相类似的嵌错宴乐渔猎耕战纹铜壶。从铜壶的纹饰看，两者的构图和技法几近相同。图案共分三组，上层为采桑和射猎，中层为渔、猎和乐舞，下层为水战和攻城战。就水战的战船形制而论，两铜壶又更相似些。与铜鉴上的战船有 4 名桨手不同，这里每艘船只有 3 名桨手。当然，这 4 名和 3 名也只有象征意义，真实的数字当几倍于此数。如《越绝书》中所载，大翼战船有棹卒 50 人，首尾操驾 3 人，还有 4 人持长钩、矛、斧专门负责在两船接舷时任钩推之职，可见操船战卒在全船凡 91 人中约占 2/3。再有，就战船的船型看，两铜壶的船型更具美感。首部有似后世所说的鹢首，而尾部似后世龙舟的尾形，曲线柔中寓刚，这说明即使是战国时代的战船，其设计和制作都非常注意战船的美感和视觉效果。此外，与铜鉴的船底不同，两铜壶的战船船底皆具有两道线，难免有人将依此断定战国的战船带有水密的双层底，这当然是个误会。如铜鉴和铜壶的船纹所示，战船的划桨手皆采用立姿划桨，为了划桨的方便和有效，在船底设一层活动的木铺板是必要的，因为船底部有龙骨和肋骨等木构件，对划桨手的操作将带来不便。从技术上说，当时的船舶尺度较小，不可能对船的内底和外底都进行水密捻缝。再有，古代没有水泵，双层底也将难以排除因渗漏所造成的积水。

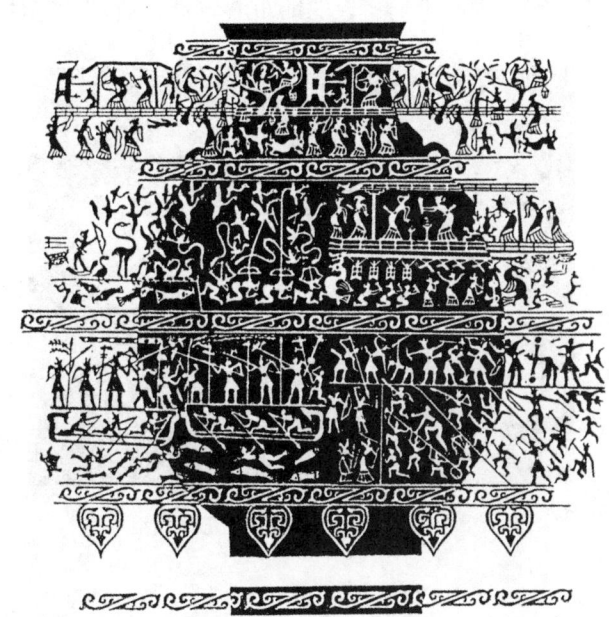

图2-2　传世的宴乐渔猎耕战纹铜壶的拓本

按前节所述，吴国战船大翼长度为十二丈，宽度为一丈六尺。按每尺相当于0.23米计，则长度与宽度分别为27.6米和3.68米。考虑到在舱内划桨，舱底又铺设木铺板，则舱深似不应小于2.2米。假定大翼战船的吃水约为五尺，折合1.15米；假设木铺板的高度为0.25米，又假设船舱剖面略呈盆状，可设绘出战船的船中剖面图。

如按上述试取船深、吃水，则大翼的宽深比为1.67，宽与吃水比为3.2。这些取值虽然是从划桨的要求为出发点的，但也能满足对船体强度与稳性的基本要求。桨孔在水线以上的高度约为0.3米，桨长3.25米，则

划桨的力点到支点的距离为 1.5 米，支点距桨叶尖端为 1.75 米。这样的安排对划桨尚称方便，一把桨可由一名桨手划动。棹孔离水线只有 0.3 米，这难免会被舷外水浸入，但只要在棹孔周围钉以牛皮套并将此套绑缚在桨柄上，既可防舷外水浸入，又不妨碍桨的划动。如此复原，则能与三种青铜器的船纹相一致，较便于划桨，船的重心较低，有利于稳性。

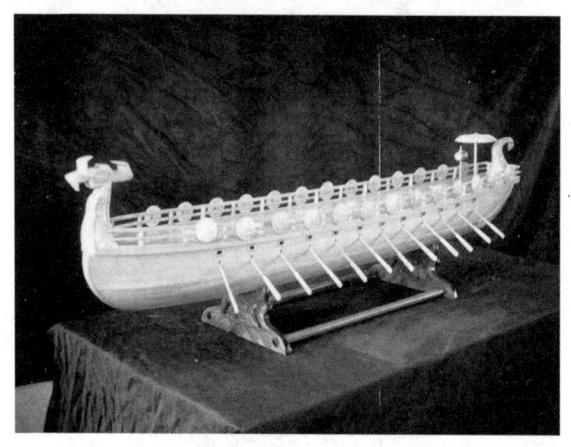

图2-3　吴国战船大翼的复原模型

早在 1957 年的文物普查中，考古工作者就已发现吴王阖闾城遗址。在 21 世纪初，江苏的考古工作者在文物复查中又有新的发现。有关部门在建设吴国王城博物馆及吴王阖闾城遗址公园时，邀约我们团队为之复原研究吴国王舟艅艎及由战船大翼、中翼等组成的舰队。

《左传纪事本末》记载：公元前 525 年，吴国派公子光率舟师逆长江而上攻打楚国，结果反而被楚国俘去王舟艅艎。艅艎是王舟，又有作战的功能，应当是水师的旗舰。船舶的动力主要靠众多桨手划桨。这一点与战船大翼有共性，但是艅艎的尺度要比大翼还大，桨手人数更多。因为是王舟，装饰要讲究，不仅要华丽，更应当雄伟。

要复原王舟艅艎，首先要对舰船的格局有一个预想。过去，我们在北京军事博物馆见过一种战船大翼的复原模型，其结构和总布置特征是设双层甲板，在下层甲板划桨，在上层甲板作战。我们以为这不合于战船大翼的格局。划桨应该是在甲板之下，但是双层甲板的格局对于王舟艅艎倒是有必要的。设双层甲板，便于在下层甲板上为国君布置宫室以用于起居，在上层甲板上的船楼可以作为指挥舱房。上层甲板和下层甲板周边，都可以供战卒作战。

如果全船设 40 把桨，则每舷为 20 把。设前后桨间距为 1.25 米，则 20 把桨的划桨区域为 25 米，所以王舟艅艎的长度应有 30 米以上，成为当时最大最长的大舰。

要使王舟艅艎有雄伟的造型，首先就要重视艅艎首尾的造型与装饰。为此我们选取商周时代青铜器上的鹗首形象（图 2-4）作为造型元素。

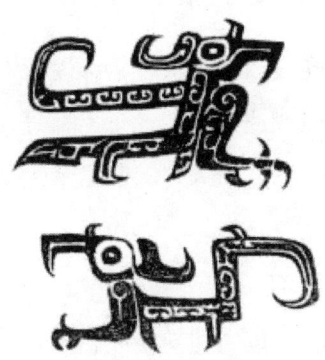

图2-4　青铜器上的鹗首形象

王舟艅艎的效果图有如图 2-5。众多桨手在甲板之下的船舱里划桨。在甲板之上设置国君的居住舱。周边设女墙，可供战士作战用。在露天甲板上设阁楼作为指挥舱，露天甲板也是战士作战的场所。

如效果图所示，我们为无锡所复原的王舟艅艎，其长宽尺度偏大。这主要是根据甲方的要求，因为太湖湖面很大，如果舰队的船型太小，在视觉上则缺少冲击力。但从形象和作战功能上看，仍具有真实性。

图2-5　吴国王舟艅艎造型效果图

三、春秋战国时代的水运及船舶

春秋时代因航区不同或运输要求各异，逐渐出现了特点不同、形状不一的各类船舶。民间有以快速为主的轻舟、扁舟，还有适用于短途交通的舿船。屈原在《楚辞·九章》中有"乘舿船余上沅兮"句，这舿船就是一种有篷有窗的小船。

1. 吴王夫差开掘邗沟

春秋时位于长江流域的楚国和吴国，水运和造船技术都比较发达。吴国的都城是现今的苏州市，西濒太湖，东通大海，是一个"不能一日而废舟楫之用"的国家。吴国人还特别重视治理水道。公元前486年，吴王夫差开掘邗沟。《左传纪事本末》记有"吴城邗，沟通江、淮"。

2. 齐国的海上航行

春秋时期列国争霸，也促进了航海事业和海船的发展。吕尚，西周初年官大师，也称师尚父，辅佐周武王灭商有功，被封于齐，为周代齐国始祖，有齐太公之称。《史记·齐太公世家》记有："武王已平商而王天下，封师尚父于齐营丘（在今山东省青州市临淄北）……太公至（齐）国，修政，因其俗，简其礼，通商工之业，便鱼盐之利，而人民多归齐。"当时占据山东半岛的莱夷（今莱州市一带）"与太公争国"，时而对齐进行攻伐。公元前567年，齐国终于灭了莱夷，齐国领域扩大到整个山东半岛。渤海海面及环绕山东半岛的航行，也就归齐人所掌握。汉代著作《说苑·正谏篇》载："齐景公游于海上而乐之，六月不归。令左右曰：'敢有先言归者致死不赦。'"由之可见当时航海规模之大。即使是在近海，六个月的航程也是相当可观的，不仅足以绕山东半岛过渤海湾，而且可能抵达朝鲜半岛。国君远征，必定有大批随行人员和护卫的将士，可以认为，齐景公统帅的必是规模相当大的船队。其时不仅国君有大型船队出海，民间的海上活动也见诸文献。《艺文类聚》引《邓析书》曰："同舟涉海，中流遇风，救患若一，所忧同也。"邓析是春秋时人，此处所说的显然指海船上的乘客和船员遇到了风浪，他们同舟共济，形同一人。文献中所述涉海的舟究竟是客舟还是从事海上运输的货船尚不得而知，但民间的海上交通及其艰难险阻已录于文献。

3. 越国大夫范蠡经海路赴齐国的定陶经商致富

都城位于会稽（今浙江绍兴市）的越国，主要辖地是今浙江省境一带。但百越民族分布范围很广，南到今福建、广东、广西以至越南的北部，包括广大的沿海地区及附近的岛屿。现在舟山群岛中的定海，当时称甬勾东，就是越国的直属领土。百越人各族间的联系，多依靠海上交通。正如越王勾践所说，其人"水行而山处，以船为车，以楫为马，往若飘风，去则难从"（《越绝书》）。前已述及，早在西周时就有"于越献舟"之举，实则是由越人向中央地区传授造船技术。及至春秋，沿海及中原的造船技术又有了进一步发展。孔子在《论语·公冶长》中说道："道不行，乘桴浮于海。"孔子之欲浮于海，当然不是谋鱼盐之利，而是要从海道前往其他国家。"即欲乘其桴筏，浮渡于海，易居九夷。"孔子是否确实浮海而易居他处，尚无定论，但当时沿海交通之便利已可见一斑。孔子卒

于公元前479年，其后，公元前475年，越灭吴。越国大夫范蠡为避祸，乃经海路赴齐国的定陶经商而致富。《史记·越王勾践世家》记有"范蠡以为大名之下，难以久居"，"乃装其轻宝珠玉，自与其私徒属，乘舟浮海以行，终不反"，"范蠡浮海出齐，变姓名，自谓鸱夷子皮"。

公元前474年，越国将都城由会稽迁至琅琊（今山东诸城市东南），随行者有"死士八千人，戈船三百艘"，这俨然是一支浩浩荡荡的庞大船队，也是当时海上交通事业发达的有力证明。[①]

四、中国船舶风帆出现的年代

风帆，是推动船舶前进的推进工具。帆与桨、篙与橹一样，都可被统称为船舶推进器。所不同的是，风帆利用自然界的风作为动力，不再受人力资源的局限，使船舶的航速、航区大为扩展，为船舶的大型化和远洋航行开辟了广阔的前景，风帆的出现是船舶发展史上重要的里程碑。

若论帆出现的年代，埃及比中国早得多。古埃及新石器时代晚期的陶质花瓶所描绘的方帆船（图2-6），其年代可推溯到公元前3100年。该船首尾两端高高翘起，在近端处竖一桅并挂一方帆，但是桅与帆究竟是怎样支撑和张挂的还看不清楚。公元前1500年，古埃及某女王曾用帆船去远征，根据阿里—巴哈里的寺院里的浮雕可看出该帆船的图形（图2-7）。该船长约30米，除每舷有15名桨手划桨之外，还竖一桅挂一方帆。由这些文物，可确信尼罗河流域的人们很早就已经开始使用帆船。

中国船舶风帆出现的年代，迄今虽尚无定论，但据近年的研究和一些考古发现，逐渐趋于明朗。

1. 殷商时代出现风帆说

在中国，认为在殷商时代就曾出现了风帆的学术见解曾比较流行，那

① 姚楠，陈佳荣，丘进．七海扬帆［M］．香港：中华书局，1990：13．

图2-6　古埃及花瓶所描绘的方帆船

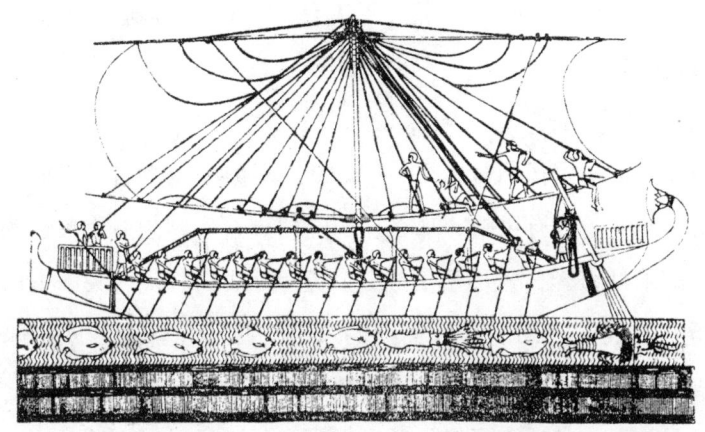

图2-7　古埃及某女王远征用的帆船

就是认为甲骨文中的"凡"字即为帆。杨槱在《中国造船发展简史》中写道："在甲骨文中还有'凡'字很像船的帆，因此商代的人可能已在船上装帆利用风力来行船。"[①]此种学术见解获得一些学者的赞同。房仲甫在《扬帆美洲三千年——殷人跨越太平洋初探》[②]中，从文化传播的角度和有关文物例证出发，探讨商代即有人夺海逃亡，最终到达美洲；在《殷人航渡美洲再探》[③]一文中，更从美洲的文化与商文化的渊源、墨西哥发

① 杨槱.中国造船发展简史 [C] //中国造船工程学会.中国造船工程学会1962年年会论文集：第二分册.北京：国防工业出版社，1964：8.

② 房仲甫.扬帆美洲三千年——殷人跨越太平洋初探 [N].人民日报，1981-12-05.

③ 房仲甫.殷人航渡美洲再探 [J].世界历史，1983（3）：47-56.

现的商代文化遗迹等多角度继续探讨殷人航渡美洲问题。"甲骨文既已有'帆'字，当即有桅，可认为当时已能立桅扬帆。"《中国航海史》①也以甲骨文中的"凡"字释为"帆"，该书将刘鹗的《铁云藏龟》二三七上片的卜辞"戊戌卜，方其凡"，释义为"戊戌日占卜，船上必须挂帆"。中国在殷商时代出现风帆的论据主要有两个：一是将甲骨文中的"凡"字释为"帆"；二是从文化传播的角度出发，认为只有帆的出现和使用，才能使船舶作长途航行。这一学术观点所认为的中国出现风帆的时间大致较尼罗河流域晚 1500 年。

2. 战国时代出现风帆的考证

林华东在《中国风帆探源》②一文中，不赞成风帆始于殷商的观点，文中指出"倘殷商已有风帆，那么，历经西周至春秋当有发展，为何典籍和文物中均未见踪影，盖不足信矣"。基于对战国时代有关海上航行的文献的分析和对战国时期的两件文物的考证，林华东认为"中国船上的风帆，在战国时代已经在吴、越，或者楚、齐等地开始出现。当然，这是原始的风帆，并不普遍，它可能是顺风便张帆，而逆风即划桨的小型而又简陋的帆船"。

有关春秋战国时代海上航行的文献记载，《说苑·正谏篇》中说"齐景公游于海上而乐之，六月不归"；《艺文类聚》引《邓析书》"同舟涉海，中流遇风，救患若一，所忧同也"；《越绝书》对海上航行的形容尤其生动："往若飘风，去则难从。"这些记载当会引起人们的思考和联想：作为帝王在海上航行又能感到乐趣，其船队当有相当的安全度和舒适性；六个月的航程也不谓不远，只靠划桨恐难以胜任；"往若飘风"可理解为有相当的航速，至少是并不须付出很大的艰辛；"去则难从"说的当是船在

① 中国航海学会. 中国航海史：古代航海史 [M]. 北京：人民交通出版社，1988：13.

② 林华东. 中国风帆探源 [J]. 海交史研究，1986（2）：85-88.

风的吹袭下，航向难以操纵。帆船在没有尾舵的配合时，其操纵性很差，已为当今的许多实践所证明。《越绝书》的这段记述，恰是说到了开始使用风帆而尚未使用舵的一种技术状态。

在春秋末及战国初年，中国北方沿海的航路已经开通，史书中的记载比比皆是。如果只靠划桨而无风帆作为船的动力，史籍上的诸多事例当难以实现。如《史记·吴太伯世家》载吴王夫差十一年（前485）"齐鲍氏弑齐悼公，吴王闻之，哭于军门外三日，乃从海上攻齐，齐人败吴，吴王乃引兵归"。《左传纪事本末》载吴王夫差十四年（前482）"吴王北会诸侯于黄池，欲霸中国"，"于是越王勾践乃命范蠡、舌庸率师，沿海溯淮，以绝吴路"。再比如，公元前473年越国灭吴国之后，《史记·越王勾践世家》记有："范蠡以为大名之下，难以久居……乃装其轻宝珠玉，自与其私徒属，乘舟浮海以行，终不反。""范蠡浮海出齐"，是从现今的东海北上，到达黄海，海程数百千米。如此在海上长途跋涉，对私人旅行已是常见的事。

在战国时代，不仅沿海的交通便捷通畅，人们更积极向外海发展。司马迁在《史记》中对此种探索作过形象而生动的描述："自威、宣、燕昭，使人入海求蓬莱、方丈、瀛洲。此三神山者，其传在渤海中，去人不远；患且至，则船风引而去。盖尝有至者。"这段叙述说明：齐威王、齐宣王和燕昭王等都曾多次派人出海远航；既是帝王派出的船队，其规模和技术均应属上乘；远航的艰难也跃然纸上。"船风引而去"更透露出"当时远航已用风帆，然而不能掉戗驶风，而被风引来引去，终莫能至"。①

上述关于海上航行的诸多事例都可以从各种文献中查证，这些文献足以说明战国时代航海业的繁盛，还从各种侧面透露了船舶已经使用风帆的一些征候，只是仍不能依此即认定这时已经使用风帆了。林华东在《中国

---

① 孙光圻. 中国古代航海史［M］. 北京：海洋出版社，1989：100.

图2-8　战国青铜钺拓片摹本

风帆探源》中还引用两件战国时代的文物，提出了"中国船上的风帆始于战国时代"的论点，值得人们注意与重视。其一，1976 年在浙江鄞县甲村石秃山曾出土一件战国时期的青铜钺（图 2-8），正面高 9.8 厘米，刃宽 12 厘米，銎厚 2 厘米。其正面镌印有一幅珍贵的图案：下方以边框线示舟船，船上有 4 个泛舟者头上有羽冠图案。许多研究者认为此"羽冠"与许多铜鼓上那种紧戴在划舟人头上的羽冠不同，若为旗帜之类，又与水陆攻战纹铜鉴战船上的旗帜有异。林华东认为"或许这正是一种原始的风帆"。其二，就是在湖南出土的战国时代越族铜器錞于，在其顶盘上刻有船纹（图 2-9）。其中一种船纹在中部立有一扇状图形很像风帆，也有的船纹在船首尾有桨，中部的图形也似为风帆之属。

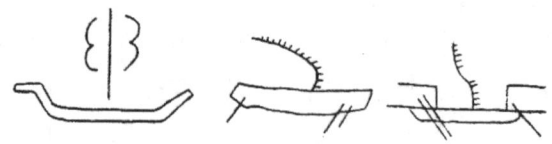

图2-9　錞于顶盘刻画的船纹图案

综合各研究者的学术见解，由于甲骨文中的"凡"字不能释为

"帆"，甚至在《诗》《书》《易》《礼》等 13 部儒家经典著作中的"凡"字也不能释为"帆"，在先秦诸子百家的著作中，也不见有关于风帆和桅樯的记载，所以不能说在殷商时代就已有风帆。但是，如果说东汉时期才出现"帆"字，就认定风帆只在东汉以后才出现，也未免失之偏颇。许多技术的出现有渐进性，有一个演变过程。从战国时期我国沿海船舶交通较为繁盛的事实出发，再联系到这一时期积极开发远海交通的诸多事例，结合战国时期铜钺和铜镦于上曾出现带有风帆图案的船纹，林华东认为中国船上的风帆始于战国时代。据诸多学者考证，从文献和文物两方面求索，在战国时期，风帆已出现，为船舶大型化、提高航速与扩大航区提供了技术保证，且为船舶的进一步发展奠定了技术基础。

3. 汉代出现风帆说

在中国的学术界还有不少人对殷商时代即出现风帆的论点持有异议。朱杰勤教授在《中国古代海船杂考》①中提出："大致在公元前后，中国航海船舶已知使用风帆行驶在大海上。"与之相近似的见解是《中国科学技术史稿》②的论述：据《释名》说，"帆，泛也，随风张幔曰帆，使舟疾泛泛然也"，"这说明东汉已经使用了布帆，它是利用风力解决船舶动力问题的重大发明"。《释名》作者刘熙，其生卒年不详，据清代学者毕沅考证，刘熙大约是东汉末年或三国魏时人。以《释名》对帆作了解释，认为在东汉末年已经使用了帆，当然是准确的，而且东汉末是帆出现年代的下限。

在针对中国风帆出现的年代的学术讨论中，武汉水运工程学院研究员

---

① 朱杰勤. 中国古代海船杂考［G］//东南亚史论文集：第 1 集. 广州：暨南大学历史系东南亚史研究室，1980：11.

② 杜石然，陈美东，周世德，等. 中国科学技术史稿［M］. 北京：科学出版社，1982：214.

文尚光的《中国风帆出现的时代》①一文值得注意。首先，作者从《甲骨文编》《古文字类编》中查出清末以来几十年中发现的甲骨文中的"凡"字共28种体形和周代的金文及秦代的篆文中的"凡"字，认为这些字都不具有"帆"的形象，甚至完全不像"日、月、水、舟"等字那样能表现出实物形象的某种特征。其次，从甲骨卜辞中"凡"字的释义来看，"凡"字有凡、般、盘、风、犯等5种释义，另外用作字的偏旁时与"舟"字、"皿"字相同。在《诗》《书》《易》《礼》《春秋》等13部儒家经典中，有"凡"字的句子共856句，也没有一句可将其中的"凡"字释为"帆"。由此得出结论是："甲骨文的'凡'字并不能释为'帆'字，所以，不能以之作为3000多年前的殷商时代就已有风帆的证据。"据文尚光研究，"不但在先秦诸子百家的著作中没有关于风帆或桅樯的记载，甚至在西汉的典籍中也是如此"。与汉武帝同时代的历史学家司马迁，其足迹遍历黄河上下、大江南北，然而在其所著《史记》中，未见有孤桅片帆。

在我国的历史文献中，有关风帆的记载以东汉马融的《广成颂》为最早。在汉安帝元初二年（115），针对俗儒世士以为"文德可兴，武功宜废"的言论，马融上书以谏。在讲到将战舰艅艎组成水军的船队时，有对风帆的生动描述："然后方艅艎，连舼舟，张云帆，施霓帱，靡飓风，陵迅流，发棹歌，纵水讴，淫鱼出：菁蔡浮，湘灵下，汉女游。"

马融在《广成颂》中明白无误地记载着船帆，因之可断定，至迟到2世纪初中国已出现风帆了。如此精美的彩绸帆，当然不会是最原始的，帆出现的上限年代还值得深入研究。

---

① 文尚光.中国风帆出现的时代[J].武汉水运工程学院学报，1983（3）：63-70.

第二节 秦代徐福东渡及其船舶

秦始皇在统一六国后的 11 年中曾五次到外地巡游。第一次是在原秦国境内，其后四次是巡游旧齐、楚、燕、赵、韩、魏等地。公元前 219 年，秦始皇东巡，封禅泰山，立石碑谴责六国旧贵族的黑暗统治，歌颂秦代统一功业。又东至芝罘（在今山东烟台北），南至琅邪，筑琅邪台（今山东胶南市南境），立石颂德。还命方士徐市（即徐福）入海求蓬莱仙境。《史记·秦始皇本纪》记有："齐人徐市等上书，言海中有三神山，名曰蓬莱、方丈、瀛洲，仙人居之。请得斋戒与童男女求之。于是遣徐市发童男女数千人，入海求仙人。"

渤海及其东面的黄海，是燕、齐两国长期渔猎和交通活动的海域，或因航行中直接接触，或因海市蜃楼景象的诱惑，激发两国的人们寻求海外仙境的热情。在秦之前，齐威王、齐宣王和燕昭王在位的年代已经使人入海求三神山，可见秦始皇派徐福入海，并非什么创举，应当说是继战国时代探索海上航路的继续。

徐福之行一去数载，并未有所获。《史记·秦始皇本纪》记有："方士徐市等入海求神药，数岁不得。费多，恐谴，乃诈曰：'蓬莱药可得，然常为大鲛鱼所苦，故不得至，愿请善射与俱，见则以连弩射之。'"徐福的第二次航行再也没有返回秦国。《史记·淮南衡山列传》则记有："又使徐福入海求神异物……遣振男女三千人，资之五谷种种百工而行。徐福得平

原广泽，止王不来。"这是史籍对徐福带上三千童男童女、大批能工巧匠以及粮食、纺织品和各类生产工具，到达一片宽广的平原之地，并在那里称王立国终不归秦的最早记载。

　　徐福定居的"平原广泽"之地，据诸学者研究分析，最大的可能是日本的畿内平原。因为秦代航海活动的海域，实为今日之渤海与黄海。在这一海域附近，能够称得上"平原广泽"的只有朝鲜和日本两地。秦时的朝鲜与中国已有较多联系，徐福若至此，似无定居称王或踪迹全无之可能。而日本列岛，无论从地理方位、地形特征或史学研究结果来看，都与"平原广泽"之地相符合。将"平原广泽"推定为日本应是顺理成章的。①日本继新石器时代的绳纹文化之后，出现了以开始使用青铜器和铁器、种植农业为特征的弥生文化，其时在公元前 3 世纪到 3 世纪，正值我国的战国末年到秦汉时代。日本史学界公认，弥生文化源于中国。日本历史学家井上清在其所著的《日本历史》中写道："从公元前 4 世纪到 3 世纪，中国社会的生产力和文化更加迅速发展，这给予周围各地区以有力的影响。公元前 3 世纪末叶，汉帝国兴起时，拥有农耕和铁器的中国文明传到了朝鲜半岛，再从那里过海进入日本。几千年来朝鲜海峡使日本列岛的社会同大陆文明隔离开来，并难以航行，但到了这个时期正相反，这个海峡成为联系两国文明的通路。"徐福东渡日本，虽然没有正史记载，但民间传说历久不衰。而且日本朝野历来重视对徐福的崇尚和祭祀。相传，今和歌山县新宫市一带的海滩——熊野滩，即为徐福的登陆处，而徐福正是在新宫市定居下来，那里甚至相传还有徐福墓。日本和歌山县新宫市有"秦徐福碑"，《中国古代航海史》刊有其拓片，该书对徐福东渡的出航地点和可行性航路也有所探究。

①　孙光圻.中国古代航海史［M］.北京：海洋出版社，1989：148.

图2-10　和歌山县的徐福公园

图2-11　徐福公园中的徐福雕像

　　为纪念秦朝方士徐福，在日本和歌山县新宫市，建有徐福公园（图2-10）。公园大门是一座中国式的牌坊，这是按照中国的建筑风格所建造的，上面铺盖的是琉璃瓦。1994年8月，和歌山县政府为了推动观光旅游，以徐福像为中心，重新整理徐福墓碑周边并建造牌坊之后，徐福公园正式对外开放。

中外文献对徐福航海并东渡日本对中日文化交流的重大贡献都给以肯定性评价。虽然徐福是受秦始皇之命入海求三神山，觅长生不死之药，但是，如果注意到秦始皇致力于开拓陆上和水上交通的诸多事例，便能透过寻仙觅药那种神话的迷雾，显露出人们对发展海上交通的向往和追求。

图2-12　徐福所乘航海船舶复原效果图

徐福所乘船舶的重要动力是风帆，这是毫无异议的。船舶的操纵，较为原始的用具是操纵桨。鉴于到汉代已经有拖舵，甚至在墓葬中的冥器船模都已经有了拖舵，可见拖舵已经较为盛行。秦代徐福远行的船舶当会使用拖舵。图2-12为徐福所乘航海船舶的复原效果图。

第三节　汉代海上丝绸之路的开拓

西汉时在开通沿海航路之后，沿海航运的发展也促进了经南洋到今印度洋的海上丝绸之路的开通。

最早具体提到从中国沿海出发，经南洋诸岛到达今日印度半岛这条海上丝绸之路的是《汉书·地理志》。书中写道："自日南障塞、徐闻、合浦，船行可五月，有都元国；又船行可四月，有邑卢没国；又船行可二十余日，有谌离国；步行可十余日，有夫甘都卢国。自夫甘都卢国船行可二月余，有黄支国，民俗略与珠崖相类。其州广大，户口多，多异物，自武帝以来皆献见。有译长，属黄门，与应募者俱入海市明珠、璧流离、奇石异物，赍黄金杂缯而往。所至国皆禀食为耦，蛮夷贾船，转送致之，亦利交易，剽杀人。又苦逢风波溺死，不者数年来还，大珠至围二寸以下。平帝元始中，王莽辅政，欲耀威德，厚遗黄支王，令遣使献生犀牛。自黄支船行可八月，到皮宗；船行可二月，到日南、象林界云。黄支之南有已程不国，汉之译使自此还矣。"

在上述航路中，起、迄的地名或国名，经中外学者考订，大都有明确的均属一致的结论。诸如日南郡的治所即地处今日越南平治天省广治河与甘露河的合流处；徐闻，即今广东省最南端濒琼州海峡的徐闻县，汉时属合浦郡；合浦郡即今广西壮族自治区最南端的合浦县，现有港名北海，为今广西最大港。据《汉书·地理志》载，合浦郡当时有 15398 户、78980 人。

　　该航路以黄支国为终点，该国地域辽阔、人口众多、物产丰富，其民俗与当时的海南岛相仿，自汉武帝时代便多次遣使贡献。黄支被认为是今印度南部东海岸泰米尔纳德邦首府马德拉斯西南的康契普腊姆。黄支之南的已程不国，即为今斯里兰卡，古代被称为师子国。该地盛产珍珠、宝石，又是南亚、西亚海上贸易中心地区，汉使既然是以黄金、丝绸"市明珠、璧流离、奇石异物"为旨，该地是非去不可的。船舶离黄支南航，也非常方便。"黄支国和已程不国都是泰米尔人聚居地，西汉时中国已经有人通其语言。"[1]汉代皇帝的黄门近侍中有专门通晓番语的官员，在整个航程中充作译员。

　　返航时，从黄支出发，经已程不国，历时 8 个月可到皮宗。对皮宗的考订，虽不尽一致，但多指马六甲海峡的东端一带，也有人认为是今新加坡西面的比实岛。自皮宗船行 2 个月则返抵日南郡的象林县界，约在今越南岘港湾之北，为当时西汉帝国所经略的最南境。

　　在此航路中所经历的都元国、邑卢没国、谌离国、夫甘都卢国 4 处，各家的考据结果相差很大，因此所考订的航线也差别很大。我国著名中西交通史学者张星烺早在 1930 年即对黄支国、已程不国有确切考证，唯对上述 4 处的考证尚须商榷。

　　一部较有影响的著作将都元国考订在现在苏门答腊岛西北部，邑卢没国在今缅甸南部勃崮附近，谌离国即今缅甸伊洛瓦底江口两边的一港，夫甘都卢国在今缅甸伊洛瓦底江中游东岸蒲甘一带。[2]如依此说，自伊洛瓦底江口的谌离国，到该江中游的蒲甘，即夫甘都卢国，陆路有五六百千米，绝不是步行十余日所能到达的。况且，汉使和一些入海经商的"应募者"，似无必要弃船步行并深入到缅甸的内陆蒲甘。再有，夫甘都卢地

① 刘迎胜.丝路文化：海上卷［M］.杭州：浙江人民出版社，1995：20.

② 章巽.我国古代的海上交通［M］.北京：商务印书馆，1986：19.

处缅甸的内陆，据海岸近处尚有百五十千米，而翻过阿拉干山脉是十分困难的，又怎样能"自夫甘都卢国船行可二月余"到黄支国呢？鉴于种种疑点，此说似难以使人信服。

在诸多地名和航路的考订工作中，笔者以为《中外交通史》[①]和《七海扬帆》[②]的工作值得重视。这两本书的作者陈佳荣对此段航程的表述是："汉使乘船离开日南（郡名，治今越南广治附近）或徐闻、合浦后，顺中南半岛东岸南行，经五个多月来到湄公河三角洲，泊于都元，即今越南南部的迪石一带（古代扶南的著名海港即在此）。复沿中南半岛北行，经四个月航抵泰国的湄南河河口，停靠在邑卢没，即今佛统（亦古之贸易港）一带。由此南下沿马来半岛东岸，经二十余日驶抵谌离，即今泰国之巴蜀。在此弃舟登岸，横越地峡，步行十余日到达夫甘都卢，即今缅甸丹那沙林。从夫甘都卢再度登船，向西航行于印度洋，经二个月终于抵达黄支国，即今印度东南岸之康契普腊姆。回国时，由黄支南下至已程不国，即今之斯里兰卡，然后向东直航经八个月驶抵马六甲海峡，泊于皮宗，即今新加坡西面的皮散岛（即前述比实岛），最后再航行二个来月，由皮宗驶还日南郡的象林县境（治今越南维川县南的茶荞）。"

西汉时代海上丝绸之路航路图如图 2-13，此航路及所到地点和国名的考订，或有可商榷之处，但是西汉时代由中国通向印度的，从太平洋进入印度洋的海上丝绸之路已经开通则是不争的事实。当时汉使和应募的商人、船工主要是携带黄金和丝绸，途中常有番舶前来交易，贸易的收益虽十分丰厚，但也很危险，除不时有海盗抢掠以外，遇风浪翻船死人之事亦非罕见。航路开通以后，海外物产也源源不断地进入中国。《汉书》有"（元始）二年（2）春，黄支国献犀牛"，"黄支自三万里贡生犀"。看

① 陈佳荣.中外交通史［M］.香港：学津书店，1987：52-55.

② 姚楠，陈佳荣，丘进.七海扬帆［M］.香港：中华书局，1990：29-34.

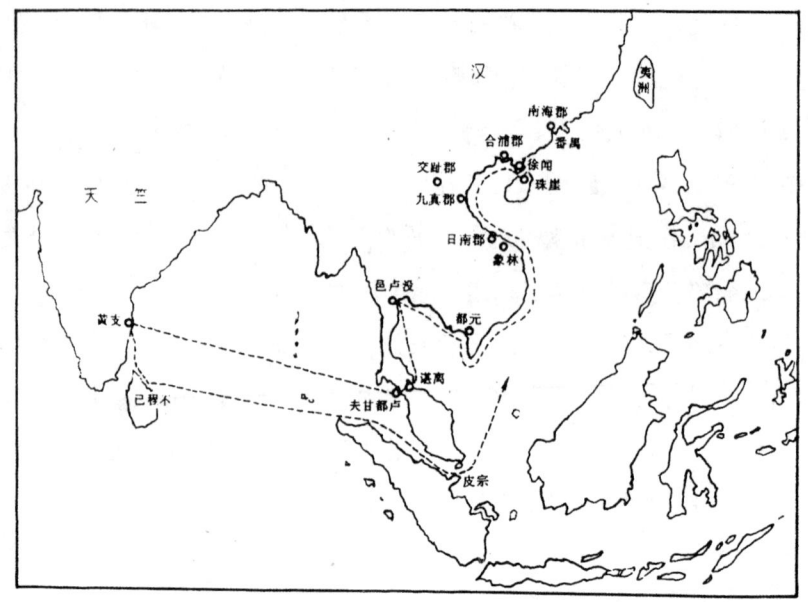

图2-13　西汉时代海上丝绸之路航路图（采自中华书局1990年版《七海扬帆》）

来航路开通之初，朝贡贸易性质的交往较多。及至东汉，类似的交往更加频繁。《后汉书》载："元和元年（84），日南徼外蛮夷究不事人邑豪献生犀、白雉。"据研究认为，古音"究"读音近于"甘"，究不事即今柬埔寨的对音。《后汉书》中记载：永建六年（131），"十二月，日南徼外叶调国（今爪哇）、掸国（今缅甸）遣使贡献"。东汉官修的《东观汉记》更记有："叶调国王遣使师会诣阙贡献，以师会为汉归义叶调邑君，赐其君紫绶，及掸国王雍由亦赐金印紫绶。"

自西汉商人到达印度之后，得知自印度有海道通安息（波斯）和大秦（海西，罗马帝国），也有人随附印度商使远赴罗马。罗马帝国时代的史家在1世纪的史书中还对中国人的到达有所记载。据研究认为，"这次出使不见于汉籍记载，大约是中国商人冒使臣之名私下前往罗马"①。在

———————————

① 刘迎胜. 丝路文化：海上卷［M］. 杭州：浙江人民出版社，1995：26.

中国与西域大秦的交往中，安息人图谋以中间经纪人身份从中盘剥。《后汉书》记有："与安息、天竺（今印度）交市于海中，利有十倍。……其王常欲通使于汉，而安息欲以汉缯彩与之交市，故遮阂不得自达。"直到166年，大秦才得以直接与我国通使。"至桓帝延熹九年（166），大秦王安敦遣使至日南徼外，献象牙、犀角、玳瑁，始乃一通焉。"这里提到的大秦王安敦，即161年至180年在位之罗马皇帝马尔古斯·奥列尤斯·安东尼努斯，汉籍中没有留下名字的这位使臣，很可能是一位私商。[①]由中国南海经印度洋并通往大秦的航路，即使在今日也堪称远洋航路。

---

① 刘迎胜.丝路文化：海上卷［M］.杭州：浙江人民出版社，1995：27.

第三章　两晋及隋唐时代的造船技术成就

第一节　两晋时代的造船技术发明

晋安帝隆安三年（399）十月，孙恩自海岛起兵，杀上虞县令并攻占会稽（今浙江绍兴），还迅速占有会稽等八郡。《晋书·孙恩传》载，"旬日之中，众数十万"，"自号征东将军"。是年十二月，孙恩被击败，乃逃入海岛。

晋安帝元兴元年（402），孙恩率众攻临海（浙江省），为官军击败，其所率三吴男女，死亡殆尽。孙恩乃投海自杀。《资治通鉴》记有："余众数千人复推恩妹夫卢循为主。"

晋安帝元兴二年（403）正月，卢循率众攻东阳（浙江省），八月又攻永嘉，均未得手。晋元兴三年（404）十月航海南下并攻陷番禺（今广州）。卢循"自摄州事，号平南将军"。

晋义熙六年（410），卢循由广州北上占豫章（今江西南昌）等郡，然后沿长江顺流而下，直逼建康（今南京），当时卢循曾率大型船队。《晋书·卢循传》记有："乃连旗而下，戎卒十万，舳舻千计，败卫将军刘毅于桑落洲（今九江东北长江中），径至江宁（今南京附近）。"

晋义熙七年（411），卢循屡败，再次攻广州未克，又南下奔交州龙编（今越南河内东）。龙编刺史率众军士"掷雉尾炬焚其舰"。兵众大溃，卢循战败而投水死。

孙恩、卢循海上起兵凡十数年，多用水战，且两次航海南下，在多年的海上争战中，对舟船技术曾有所发明创造，乃近于常理。

一、晋代的八槽舰为卢循所创建

"八槽舰"是晋代跟随孙恩海上起兵的卢循所建造的，其特点是利用水密舱壁将船体分隔成八个船舱，即使某个船舱破洞淹水，船舶仍可保证不致沉没。

在《晋书》和《资治通鉴》中，有颇多关于孙恩、卢循两人率舰争战的记述，而且两人均先后沉海而死。孙、卢在历史文献中是被列为贼寇的，诸多文献并未记有卢循所建造的八槽舰，当然更不会褒奖或评价他们的功绩。但是，在某些帝王的言行录或纪传里，却透露出卢循所创造、发明八槽舰的一些史实。

《艺文类聚》引《义熙起居注①》曰："卢循新作八槽舰九枚，起四层，高十余丈。"

《宋书·武帝纪》在记述刘裕镇压卢循水军时，曾说卢循"别有八槽舰九枚，起四层，高十二丈"。

船舶水密舱壁是中国的一项创造，其首创者为晋代起义军领袖之一的卢循，时间为5世纪初。水密舱壁这项发明，在中国是有渊源的。甲骨文中"舟"字有多种写法，甲骨文属于象形文字，从"舟"字可以看出它所表征的舟，是由纵向和横向构件组合成的。"舟"字的横线，代表什么呢？似肋骨，也似舱壁，二者必有其一，或二者兼而有之。

西方学者认为，中国人发明水密舱壁是借鉴了竹子的横隔膜，是顺理成章的事情。美国科技史学者写道："建造船舶舱壁的想法是很自然的，中国人是从观察竹竿的结构获得这个灵感的，竹竿节的横隔膜把竹分隔成

---

① "起居注"是古代帝王的言行录，义熙是晋安帝的年号，凡十四年，自405年至418年。

好多节空竹筒。由于欧洲没有竹子，因此欧洲人没有这方面的灵感。"①

中国发明水密舱壁不仅有渊源，更有出土古船的实物作为凭证。迄今虽然尚未发现过晋代或晋代以前的舱壁实物，却发现有两艘唐代古船是设置了水密舱壁的。其一是 1973 年 6 月在江苏如皋发现的唐代木船②。该船船长约 18 米，分成 9 个船舱，两舱之间设有水密舱壁。船舱最长的 2.86 米，最短的 0.96 米。其二是 1960 年 3 月在江苏扬州施桥镇发现的唐代木船③。该船复原后的长度约为 24 米，共分为 5 个大舱。扬州施桥唐船的结构坚实，制作精细，木板之间连接以榫头和铁钉并用，板缝处填以油灰，水密性良好。

中国发明的水密舱壁技术，具有三个重要作用：其一，即使某一船舱因触礁破洞而淹水，也可抑止淹水不至于波及邻舱，从而保证船舶不致下沉；其二，船壳板、甲板因有众多舱壁的支撑，增加了船体的刚度与强度；其三，舱壁为船体提供了坚固的横向结构，使桅杆得以与船体紧密连接，这也使中国古代帆船采用多桅多帆成为可能。

对中国的水密舱壁技术，马可波罗（Marco Polo）有详尽的了解并将其传到欧洲。《马可波罗行纪》写道："若干最大船舶有最大舱十三所，以厚板隔之，其用在防海险，如船身触礁或触饿鲸而海水透入之事，其事常见……至是水由破处浸入，流入船舱。水手发现船身破处，立将浸水舱中之货物徙于邻舱，盖诸舱之壁嵌甚坚，水不能透。然后修理破处，复将徙出货物运回舱中。"④

---

① ［美］罗伯特·K.G.坦普尔.中国：发明与发现的国度［M］.陈养正，陈小慧，李耕耕，等译.南昌：21 世纪出版社，1995：397.

② 南京博物院.如皋发现的唐代木船［J］.文物，1974（5）：84-90.

③ 江苏省文物工作队.扬州施桥发现了古代木船［J］.文物，1961（6）：52-54.

④ ［意］马可波罗.马可波罗行纪［M］.冯承钧，译.上海：商务印书馆，1936：620.

"使人惊异的是这些做法马可波罗在 1295 年就写得很清楚，但没有人给予重视。1444 年，尼科罗·德·康蒂（Nicol de Conti）在他自己的《旅行》一书中也写到这些做法。在这部书中，他说：'这些船有好几个船舱。这样，如果其中一个船舱破裂，其他的船舱不受影响，船可以继续航行，并完成航行任务。'但欧洲的造船者和水手们非常保守，水密舱原理传到西方 500 年之后才被采用。"[①]

西方的学者经研究认为，中国发明和广泛使用已经上千年的水密舱壁技术，在欧洲被仿效是 18 世纪末到 19 世纪初的事情。在欧洲最先设计船舶水密分舱的是英国海军总工程师塞缪尔·本瑟姆爵士（Samuel Bentham）。他曾受英国海军大臣之命，设计并建造了六艘具有一种新型结构的航海轮船，"像今天中国人的做法那样，用分隔船舱来加固船的结构，并防止船沉没"[②]。

提到"用横向舱壁来分隔货舱"，科学技术史泰斗李约瑟（Joseph Needham）写道："我们知道，在 19 世纪早期，欧洲造船业采用这种水密舱壁是充分意识到中国这种先行的实践的。"[③]

八槽舰的航区是从浙江沿海航行到广东沿海，又可从广东沿海航行到今北部湾及今越南沿海。经复原研究，八槽舰的主要尺度是：总长 29.4 米，水线长 24 米，型宽 5.6 米，型深 2.5 米，吃水 1.8 米。八槽舰设计成尖底、首尾起翘的海船船型。其复原模型现今展出在嘉兴船文化博物馆。

二、5 世纪初在中国出现了桨轮舟

晋朝大将刘裕在镇压了孙恩、卢循所率领的农民起义军之后，就大举攻击建都长安的后秦。晋义熙十三年（417），刘裕的部将王镇恶由黄河

①② ［美］罗伯特·K.G. 坦普尔. 中国：发明与发现的国度［M］. 陈养正，陈小慧，李耕耕，等译. 南昌：21 世纪出版社，1995：396.

③ 潘吉星. 李约瑟文集［M］. 沈阳：辽宁科学技术出版社，1986：258-259.

乘桨轮船"溯渭（水）而进，舰外不见有行船人。北土素无舟楫，莫不惊以为神"（《南史·王镇恶传》）。《资治通鉴》则记有："（王）镇恶溯渭而上，乘蒙冲小舰，行船者皆在舰内；秦人见舰进而无行船者，皆惊以为神。"王镇恶所乘小舰，既不张帆也不划桨，藏在舰内的行船者当是脚踏车轮使船逆水急进，这是世界上首次出现桨轮船的生动记录，为科技史家所公认。

作为船舶推进工具的桨，操作时只能做前后直线、间歇运动，对船的推进也是间歇性的。"桨的进一步发展就是轮桨的出现，即'车船'的出现。从桨转化为轮桨，在船舶推进发展史上是件足以使史家和工程界人士为之兴奋的大事。轮桨在我国创用之早以及后来宋朝车船种类之多、规模之大均足以震惊世界。它使船舶的人力推进工具产生了一个飞跃，达到了半机械化程度，成为古代船舶人力推进技术的最高水平。"[①]

所谓"轮桨"，即将桨的叶片装在轮子的周边，这就可以使原本桨的直线、间歇、往复运动，变为圆周、连续、旋转运动。由连续旋转的轮桨不断划水，不仅可以连续推进，避免手力划桨时所做的虚功，而且借自身的体重用脚踏转轴可较为省力。在同一根转轴上可因船宽的大小安装很多踏脚板，由很多人同时踏之，可以发挥多人的作用，提高桨轮船的推进效能和速度。轮子向前转船就前进，轮子向后转则船可后退。进退自如，机动灵活，这就提高了船的机动性，对战船尤为重要。

桨轮船也称车轮舟，是中国古代造船技术中一项重大发明，而且早在晋义熙十三年（417）即已出现。在西方，"在15世纪德国技术手稿中提出过关于制造明轮船的建议，而这些船可能是在无所不在的竖式水车启示下的再次发明"[②]。这说的就是威尔乔利亚斯（Robertus Valturius）刊行

① 周世德.中国古船桨系考略［J］.自然科学史研究，1989（2）：261-262.

② 潘吉星.李约瑟文集［M］.沈阳：辽宁科学技术出版社，1986：261-262.

于 1472 年的《军事》一书中提到的备有 5 轴 10 个桨轮的船和另一个备有 1 轴 2 个桨轮的船。有关文献记有，欧洲桨轮船的第一次试验，是于 1543 年在西班牙的巴塞罗那进行的。由中外文献的对比可知：中国发明和使用的桨轮船，要比西方早 1000 年。

中国发明和实际使用桨轮船，自晋代而南北朝，以迄唐代和宋代，未曾间断。在宋代，甚至将桨轮战船列入水军的编制。

关于桨轮船，英国学者李约瑟写道："这种船在中国肯定流传下来了，因为在鸦片战争期间，有大量的踏车操作的明轮作战帆船派去同英国船作战，而且证明颇为有效，虽然结果并没有带来什么希望。由于向来的那种自鸣得意的心情，西方人曾认为中国的这些船是模仿他们的明轮汽船而制造的。但对中国当时的文献进行的研究表明，根本就不是那么回事。……在 4 世纪的拜占庭，曾经提出了一项用牛转动绞盘驱动明轮船的建议，但没有证据说明曾经建造过这种船。由于手稿仅仅在文艺复兴时期才被发现，因而不可能对中国造船匠产生什么影响。"[1]事实上，中外文献证明，几乎在欧洲于 4 世纪末刚刚提出桨轮船设想时[2]，中国于 417 年在渭水就已经出现了在船内踏轮前进的桨轮船。中国于 1134 年已大规模发展桨轮战船并编成水军时，尚较欧洲于 1543 年的第一次桨轮船试验早了 400 多年。

---

[1] 潘吉星.李约瑟文集［M］.沈阳：辽宁科学技术出版社，1986：261.

[2] ［美］罗伯特·K.G.坦普尔.中国：发明与发现的国度［M］.陈养正，陈小慧，李耕耕，等译.南昌：21 世纪出版社，1995：402.

第二节 隋代大运河挖掘及龙舟船队

一、隋代大运河的开掘

隋代兴建人工运河始于文帝杨坚，成于炀帝杨广。隋代结束了国内延续 300 多年的分裂局面，为有效地控制江南割据势力，巩固统一，开凿运河加强水陆交通，是势在必行的措施。隋代兴人工运河，是中国历史发展的必然。

1. 广通渠

《资治通鉴》记载，开皇四年（584），"隋主以渭水多沙，深浅不常，漕者苦之，六月，壬子，诏太子左庶子宇文恺帅水工凿渠，引渭水，自大兴城东至潼关三百余里，名曰广通渠。漕运通利，关内赖之"。

2. 通济渠

隋炀帝杨广继承文帝，"竭力加强中央对地方的控制，最重要的是营建洛阳和开通大运河"[①]。大业元年（605）三月，"辛亥，发河南诸郡男女百余万，开通济渠。自西苑引谷、洛水达于（黄）河；自板渚引河通于淮"（《隋书·炀帝纪》）。这一段引河通淮工程，首先在今河南荥阳市的板渚引黄河水，沿汉魏故道流至浚仪（今开封），然后与原汴渠分道，另

---

① 翦伯赞.中国史纲要：上册［M］.北京：人民出版社，1983：407.

开新渠直趋东南，经宁陵、宋城（今商丘）、永城、埇桥（今宿州）、夏丘（今泗县）至盱眙以北注入淮河。

3. 邗沟（山阳渎）

隋代曾两次开挖江淮间运河。其基础仍是春秋时期吴国首开的邗沟。隋文帝开皇七年（587），"于扬州开山阳渎，以通运漕"（《隋书·高祖纪》）。

隋炀帝大业元年（605），"又发淮南民十余万开邗沟，自山阳（今江苏淮安市）至扬子入江。渠广四十步，渠旁皆筑御道，树以柳"（《资治通鉴》）。是年三月开工，八月竣工，如此巨大工程仅历时五个月，进度之快可称奇迹。引江水入淮，南起扬子津（今仪征东南），北达山阳，运道面北取直，为后世运道径直之始。

4. 江南运河

大业六年（610）十二月，"敕穿江南河，自京口（今镇江）至余杭（今杭州），八百余里，广十余丈，使可通龙舟"（《资治通鉴》）。江南运河流经江南水网地带，水源丰富，线路很少有变化，是运河航运最好的航段。不仅隋以后的唐、宋时代，即使现在仍是水运的大动脉。

江南运河 800 余里，连通济渠共长 3000 余里（参见图 3-1）。

5. 永济渠

《资治通鉴》记载：大业四年（608），"春，正月，乙巳，诏发河北诸军五百余万穿永济渠，引沁水南达于河，北通涿郡（今北京）。丁男不供，始役妇人"。这一工程是在曹魏旧渠的基础上，利用部分天然河道建成的，全长 2000 余里。

永济、通济两渠总长 5000 余里，流经今河北、山东、河南、安徽、江苏、浙江六省，沟通了海河、黄河、淮河、长江、钱塘江五大水系，形成全国水运的交通网络。对运河的开发，隋炀帝做出了不可磨灭的贡献。但他急功近利，超越了人民的承受能力，又破坏了人民的乐业安居。唐代

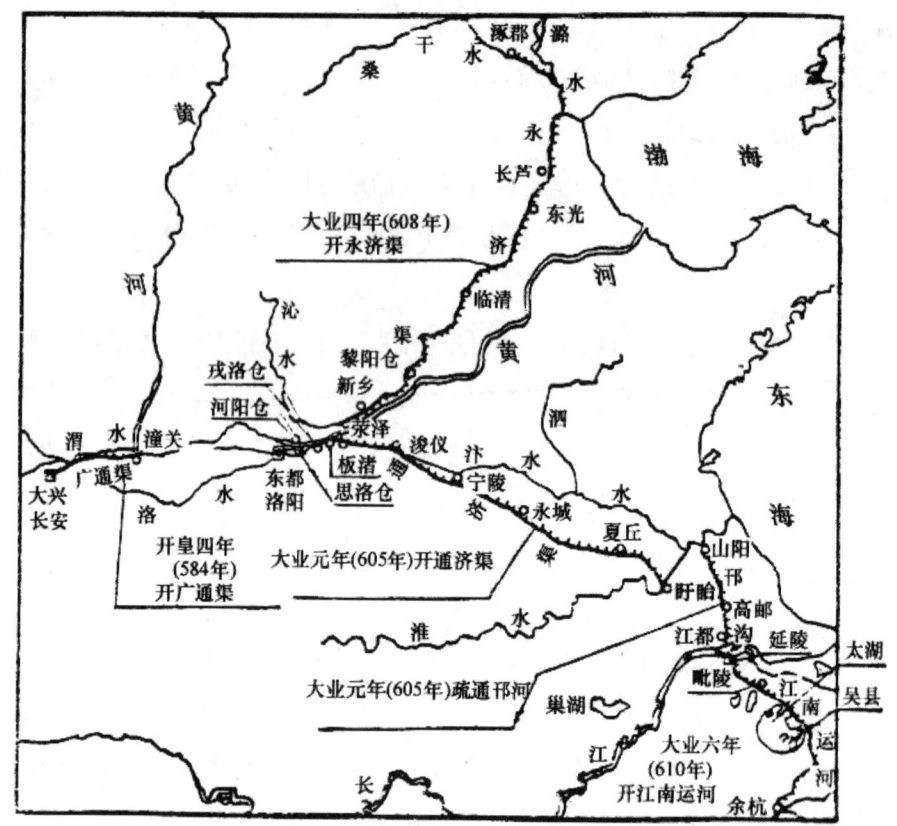

图3-1　隋代开大运河示意图（采自科学出版社2004年版《中国科学技术史·交通卷》）

诗人皮日休有怀古诗一首：

汴河怀古二首·其二

尽道隋亡为此河，至今千里赖通波。

若无水殿龙舟事，共禹论功不较多。

此诗既指出其不计人民生死之过，又肯定了他开发运河的功绩可与大禹相媲美。实为罪在一时，功及后世。

隋炀帝三次巡游江都的龙舟船队是对隋代造船能力和船舶制式的大检阅。

二、隋炀帝三次率庞大龙舟船队巡游江都

隋炀帝于605年、610年和616年，三次率庞大的龙舟船队巡游江都，挥霍民财、扰乱民生达于极点。大业元年（605）巡游江都，"自长安至江都，置离宫四十余所"。为此一项，特建造龙舟及各种游船数万艘。《隋书·炀帝纪》记有："遣黄门侍郎王弘、上仪同、于士澄往江南采木，造龙舟、凤䴋、黄龙、赤舰、楼船等数万艘。"由此足见当时造船能力之强大。不过这些都是在严苛监督下建造的，"东京官吏督役严急，役丁死者什四五"（《资治通鉴》）。

1. 隋代造船能力与船舶制式的大检阅

《资治通鉴》记载："龙舟四重，高四十五尺，长二百尺。上重有正殿、内殿、东西朝堂，中二重有百二十房，皆饰以金玉，下重内侍处之。皇后乘翔螭舟，制度差小，而装饰无异，别有浮景九艘，三重，皆水殿也。又有漾彩、朱鸟、苍螭、白虎、玄武、飞羽、青凫、陵波、五楼、道场、玄坛、板舺、黄篾等数千艘，后宫、诸王、公主、百官、僧尼、道士、蕃客乘之，及载内外百司供奉之物，共用挽船士八万余人，其挽漾彩以上者九千余人，谓之殿脚，皆以锦彩为袍。又有平乘、青龙、艨艟、艚艟、八棹、艇舸等数千艘，并十二卫兵乘之，并载兵器帐幕，兵士自引，不给夫。舳舻相接二百余里，照耀川陆，骑兵翊两岸而行，旌旗蔽野。"隋炀帝第一次巡游江都的龙舟船队拥有船只5191艘（见表3-1）[①]，这是对隋代造船能力和船舶制式的一次大检阅。

---

① 席龙飞. 中国造船史［M］. 武汉：湖北教育出版社，2000：109.

表3-1　隋炀帝第一次巡游江都龙舟船队船只一览表

船名	艘数	船名	艘数	船名	艘数	船名	艘数
龙舟	1	二楼船	250	飞羽舫	6	艨艟	500
翔螭舟	1	板舽	200	青凫舫	10	艚艟	500
浮景舟	9	朱鸟舫	24	陵波舫	10	八槽舸	200
漾彩舟	36	苍螭舫	24	黄篾舫	2000	舴艋舸	200
五楼船	52	白虎舫	24	平乘	500		
三楼船	120	玄武舫	24	青龙	500		

2. 有关文献对保证龙舟稳性的描述

隋代龙舟的形制、式样，在现存的文物中尚未有发现过。后世北宋张择端所绘《金明池争标图》对这类帝王乘坐的龙舟有形象的描绘。宋代孟元老在《东京梦华录》里也有文字的叙述。

图3-2　龙舟模型（陈展于嘉兴船文化博物馆）

　　龙舟在布置上的一大特点是具有高大的上层建筑，船舶重心必高；为显示龙的形象，其船身狭长，长与宽之比值近于 10，船宽相对较窄，如何保证船舶稳性问题至为重要。船身窄小的船舶其稳性如何解决，使人疑虑重重。然而孟元老在《东京梦华录》中对龙舟特别写明："底上密排铸铁大银样如桌面大者，压重庶不欹侧也。"

　　这说明当时人们对压重的必要性是重视的，其解决稳性问题的办法是科学的。

　　隋代龙舟长二十丈，到了宋代如《东京梦华录》所载就增加到三四十丈。对这一尺度人们或有疑窦，但从孟元老所记以桌面大小的铸铁作压重而且"密排"，说明压重量较大。这又从侧面反映出龙舟之大。如果完全是虚夸不实之辞，当时或并不深谙船舶原理的孟元老，恐怕也难以"编造"出"底上密排铸铁"这样有分量的词句。

第三节　唐代的海上交通与船舶

　　唐代经济之繁荣，文化之发达，疆域之广袤，国力之强盛，在当时世界上是绝无仅有的。唐帝国兴起之时，在西亚和北非一带，也兴起了一个强大的阿拉伯帝国。两国间的经济文化交往密切，极大地促进了唐代海上交通的发展。

　　于 8 世纪末任唐朝宰相的贾耽，曾出任鸿胪卿，主持与各国交往及朝贡事宜，他熟悉边疆山川风土，曾绘撰《海内华夷图》二轴及《古今郡国县道四夷述》等地理学著作。《新唐书·地理志》附载有贾耽所述唐代交通四邻的七条路线，其中两条是海上交通线，即南方的"广州通海夷道"和北方的"登州海行入高丽、渤海道"。

一、广州通海夷道及海洋船舶

　　广州通海夷道如图 3-3 所示。两汉时航路的西端止于印度，但在唐代已大有改观，沿今阿拉伯海东岸一直驶入阿曼湾和波斯湾，到达当时的乌剌国，即今阿拉伯河下游及阿巴丹港一带。

　　"考虑到贾耽所记从广州到波斯湾及其以南的航路如此翔实，唯有亲临该航线各港口的海员方可提供这么精确的资料。因此，有理由相信，富有开拓和勇敢精神的中国海员，早在 8 世纪已驾驶海船，沿着古老的汉代南海航路到达南印度，继而西行，到达波斯湾一带港口；他们甚至继续沿着海岸南驶，直抵东非南部海滨，从而在中国与非洲东岸国家间建立了最早的直接联系。"①

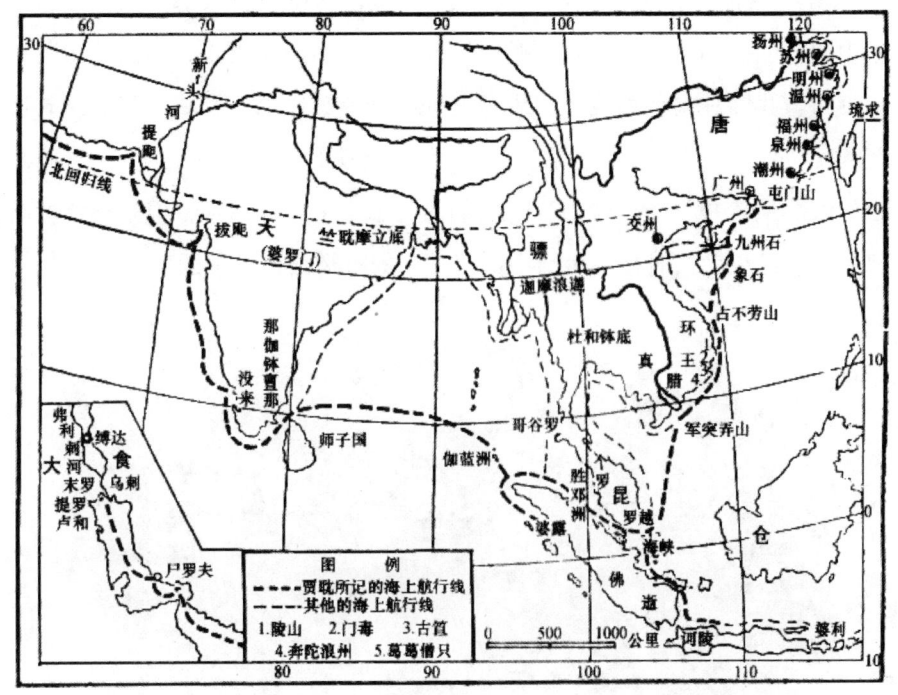

图3-3　广州通海夷道图（采自科学出版社2004年版《中国科学技术史·交通卷》）

　　唐代我国远洋航行的海船，以船身大、容积广、构造坚固、抵抗风浪能力强及船员航海技术娴熟而著称于太平洋和印度洋上。东晋高僧法显从印度由海路回国时所乘"商人大船"，每船大约载200人。到了唐代，大的船舶长达二十丈，可载六七百人，载货万斛。②由于唐代中国海船如此

① 姚楠，陈佳荣，丘进.七海扬帆［M］.香港：中华书局，1990：68.

② 杨槱.中国造船发展简史［C］//中国造船工程学会.中国造船工程学会1962年年会论文集：第二分册.北京：国防工业出版社，1964：12.

巨大，所以在波斯湾内航行时，只能止于今阿拉伯河下游及阿巴丹港一带，如再向西至幼发拉底河口，须更换小船转运商货。[①]鉴于中国海船坚固且完善，所以自唐代末期（9世纪）以后，阿拉伯商人来中国都希望搭乘中国海船。迄今为止，我国尚未发现有唐代的海船出土，因而缺少其形象资料。我国甘肃敦煌莫高窟现存的壁画和雕塑作品，反映了我国从6世纪到14世纪的部分社会生活，其中第45窟就有唐代海船的壁画。[②]壁画中的海船虽然并不能反映出当时船舶的技术水平的典型性，但是唐代的航海和船舶已成为当时社会生活中值得重视的事物则是不争的事实。

图3-4　敦煌莫高窟第45窟的壁画"唐代海船"

据文献记载，唐时来中国的海船有各种名称：蛮舶（《旧唐书·卢钧传》）、蕃舶（《新唐书·李勉传》）、西域舶（《旧唐书·李勉传》）、西南夷舶（《新唐书·李勉传》）、南海舶（《唐国史补》）、师子国舶（《唐国史

① 章巽.我国古代的海上交通［M］.北京：商务印书馆，1986：48.

② 王冠倬.中国古船［M］.北京：海洋出版社，1991：68.

补》)、昆仑舶(《新唐书·王琳传》)、波斯舶(《大唐西域求法高僧传》)等。[①]唐代的李肇所撰《唐国史补》记有："南海舶,外国船也。每岁至安南、广州。师子国舶最大,梯而上下数丈,皆积宝货。至则本道奏报,郡邑为之喧阗。在蕃长为主领,市舶使籍其名物,纳舶脚,禁珍异,蕃商有以欺诈入牢狱者。舶发之后,海路必养白鸽为信。舶没,则鸽虽数千里亦能归也。"

二、登州海行入高丽、渤海道及唐船、遣唐船

贾耽所记述的北方航线是:自登州(今山东蓬莱)发船,向东北海行到今辽宁半岛的老铁山,继而沿海岸到鸭绿江口,从此分成两路,一路沿溯鸭绿江东北行,再转陆路往渤海王城(今黑龙江省宁安市境的镜泊湖之东北);另一路仍沿海岸南行,经今江华岛而到大阜岛、唐恩浦口(今仁川南),即为航程终点。登陆后向东南行赴新罗王城(今韩国庆尚北道的庆州)。这一航线如继续延伸则可达日本。

上述去高丽(今朝鲜)的航线起源甚早,是一般商船均乐于采用的方便且安全的航线,通常被称为北道。至于大规模的海上用兵,例如660年因新罗求救而进兵百济,则往往从山东半岛直航朝鲜半岛西岸,这条航路常被称为北南道。《文献通考》记有"至六朝及宋,则多从南道",说明此航线是从六朝时(3世纪至6世纪末)开始形成的。

从长江口横渡东海直达奄美大岛的航线,也称南岛道。在日本遣唐中期(672—769),从日本博多扬帆,先到五岛,经屋久岛再到奄美大岛,然后西行,横渡东海,从扬子江口驶入扬州港,沿运河到达唐都长安。

从中国到日本最近的航线是南道,也称大洋道。从明州(今宁波)出发,横渡东海,直达日本的五岛列岛。从日本来中国时,从博多扬帆,先

---

① [日]桑原骘藏.蒲寿庚考[M].陈裕菁,译.上海:中华书局,1929:49-50.

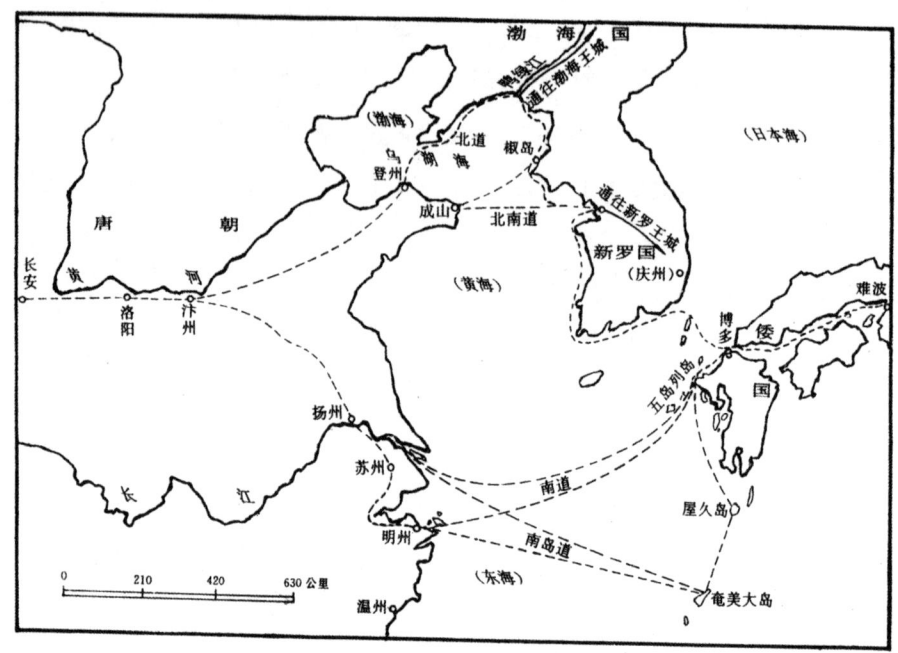

图3-5　唐时赴朝鲜和日本的航线（采自海洋出版社2013年版《中国造船通史》）

到五岛候风，等候到顺风时则可一气横渡东海到达明州或扬州。

　　据日本《安祥寺惠运传》记载：唐会昌二年（842），海商李处人的唐船载日本学问僧惠运，由日本值嘉岛（即平户岛）出发经6天抵达浙江温州。又据《安祥寺惠运传续后记》记载，唐大中元年（847），海商张之信的唐船自明州望海镇出发，用3天时间即到达日本的值嘉岛，为当时南道最快的航船。南道是当时中日间最便捷的航线，日本遣唐使在后期也多利用这条航线。①

　　中日海上通路的开辟，是两国造船师和航海家经多年奋斗和牺牲才获得的成果。日本船史著作《船の世界史》写道："自公元630年到894年

①　陈佳荣.中外交通史［M］.香港：学津书店，1987：217.

图3-6　日本遣唐船（采自中华书局1990年版《七海扬帆》）

的 264 年间，虽计划派出遣唐使计有 18 次，然而实际成行的有 15 次，其中得以完成任务并安全返国的，只有 8 次。"

在 9 世纪时，往来于中国和日本之间的，大体上是唐船。日本遣唐船，虽由日本朝廷下令在日本各地建造，但也注意吸收中国造船经验，据日本木宫泰彦的《日中文化交流史》记载："建造者和驾驶者，大都是唐人。"①图 3-7 所示的遣唐船，是依据日本 1975 年发行的邮票图案绘制的。船上所用双帆是用篾席制成，这种硬帆的优越性在于可利用侧向来风。只要是非正逆风，皆可行驶，这是中国风帆的优秀传统。首部设有绞碇机，由图可见，这碇石显然是木石结合碇。在舷侧缚有竹橐，可有两个作用：

---

① ［日］木宫泰彦．日中文化交流史［M］．胡锡年，译．北京：商务印书馆，1980：108．

图3-7　日本遣唐船（据日本邮票转绘）

一是在横摇时可增加入水舷的浮力，减小横摇的幅度；二是像今日载重线标志，用以限制船舶的装载。北宋文献《宣和奉使高丽图经》对此记有："又于舟腹两旁，缚大竹为橐以拒浪。装载之法，水不得过橐，以为轻重之度。"

三、唐代的造船地点

在唐代，随着国内生产力的发展和国际海上交往的频繁，造船生产力不断扩大，造船地点几乎遍及全国各地。值得注意的是，这个时期的主要造船基地，多与盛产丝绸和瓷器的地区相一致。造船与丝、瓷生产相互推进，相得益彰。

沿海地区历来是建造海船的主要地区。北方主要有登州、莱州，南方则以扬州、明州、温州、福州、泉州、高州（今属广东茂名）、琼州（今海口市一带）和交州（今属越南）等地最为著名。[①]

内陆广大地区设有造船工场。文献可考的有宣州（今安徽宣州市）、润州（今江苏镇江市）、常州、苏州、湖州、杭州、越州（今浙江丽水市）、江州（今江西瑞昌市）、洪州（今南昌市）、饶州（今江西鄱阳县）以及剑南道（今四川境内）沿江各地。

① 陈希育. 中国帆船与海外贸易［M］. 厦门：厦门大学出版社，1991：10.

第四章　宋元时代的海上交通与船舶

第一节　宋代的海上交通与造船业

一、宋代海上交通的发展与市舶司的建设

自唐末至五代，由于连年割据战争的结果，中国社会经济遭到极大的破坏。960 年正月，后周的御前都点检赵匡胤在陈桥驿发动兵变，回开封建立了北宋王朝。北宋建立后仍须进行统一全国的战争。北宋初年，在广州、泉州、成都、常德、江陵、杭州和金陵，都还存在着割据政权，在河东还存在着北汉。北宋王朝南征北战 10 多年才相继使他们纳土归附，到太平兴国四年（979），才把十国中的最后一个北汉加以征服。但是，穷其国力仍无法控制北方及西北地区的混乱局面。由于辽与西夏的阻遏，河西走廊已被完全隔绝，在整个宋代统治的 300 多年间，与西域的陆路交往严重受阻。因此，中国与外部世界的交流主要依赖海上交通，尤其是在南宋偏安时期，宋代的海上交通有了长足的发展。

1. 丝绸与瓷器的发展促进了海运业的发展

"在北宋，独立手工业者的数量较前代加多了，矿冶、制瓷、丝织和造纸等手工业部门的发展都十分显著。"①在宋代，丝绸生产从黄河流域和巴蜀地区，向南方发展起来。浙江地区的丝织品也"名著天下"。据陆

---

① 翦伯赞.中国史纲要：下册［M］.北京：人民出版社，1983：22.

游所记，亳州出轻纱，拿在手里若有若无；用来做衣服，淡淡的就像蒙上一层烟雾，可谓精妙绝伦。瓷器的制造，在北宋一代，不论在产量上还是制作技术方面，都比前代有很大的提高。北宋有五大名窑：定窑、汝窑、官窑、哥窑、钧窑，各具特色。定窑在今河北曲阳、定州市，所出为名色瓷，有刻花、划花、印花等花色。汝窑在今河南汝州市临汝镇，属青瓷窑，以玛瑙屑为釉。钧窑在今河南禹州市，所出瓷器有朱砂红、葱翠青、茄皮紫等色，"红如胭脂，青若葱翠，紫若墨黑"。哥窑在浙江龙泉市，所出为青瓷，器形复杂。官窑在今河南开封一带，风格大体同于哥窑，以粉青色为上。南宋时官窑南迁，在杭州凤凰山、乌龟山下建窑，产品承继了北宋官窑的风格。此外还有景德镇，唐时为昌南镇，宋景德年间以制青白瓷著名，遂改名景德镇，建瓷窑几万座。在江西吉安还有吉州窑。南宋时在广州和潮州也发展了以外销瓷为主的制瓷业。福建沿海的制瓷业集中在同安、泉州、福清、连江等地，都以烧造青瓷为主，产品包括各式碗、盏、碟、盘等，主要销往海外。

宋代的丝、瓷贸易，主要依靠海上航运。在唐以前，中国同外国的贸易往来以丝绸为大宗，到了宋代，则陶瓷大有后来居上之势。《萍洲可谈》记载，当时"舶船深阔各数十丈，商人分占贮货，人得数尺许，下以贮货，夜卧其上。货多陶器，大小相套，无少隙地"。中国盛产的精美陶瓷，由广州或泉州出发，经由南海而行销东南亚、南亚、西亚、北非乃至东非沿岸各港埠。

2. 宋代沉船"南海一号"为海运业发展的实证

在广东省川山群岛的上川岛和下川岛之间海域，早在20世纪80年代就发现有古代沉船。经多次水下探摸得知沉船较为完整。根据沉船地点和打捞出来的瓷器、铜钱、金器和铁器等文物判断，确认这是南宋时期我国的远洋贸易船。鉴于该古船船体完整，尺度较大，所承载的文物丰富而精美，遂定名为"南海一号"。2007年12月22日，"南海一号"连

同沉箱由 4000 吨起重船"华天龙号"吊出水面，后进驻设在阳江市的广东海上丝绸之路博物馆的"水晶宫"。"南海一号"时至今日仍处在考古发掘中，同时也对观众开放。"南海一号"船舶技术的先进性已为人们所瞩目。

第一，根据多种文献记载，我国自北宋起已经在海船上广泛使用指南浮针。人们期待在"南海一号"上能够发现指南浮针的实物。如果能有所获，那将是国宝级文物，在世界上也是唯一的。

第二，据观察，"南海一号"的船体结构保存完好。这将是迄今所发现的最为完整的古代海船。人们将第一次亲眼见到较为完整的中国古船形象。根据泉州宋代海船的残骸，我们已经知道该船底部是用两层或三层板构成的。如今，从"南海一号"已经知道舷侧外板也是三层板。这对了解和研究中国古船的船型与结构是极为珍贵的。

第三，据了解，船的桅杆已不存在了，但是桅杆的下半部、桅夹板和桅座必定会存在。中国古船领先于世界的多桅多帆技术必将昭示于人。经过研究和复原，人们将能见到中国风帆利用八面来风的特点和优点。

第四，船尾舵也是我们所特别关注的文物。宋代的尾舵已经可以利用绞关轴控制其升降。出海后将尾舵降下以求获得较高的舵效，还可以抗横漂；当船舶驶入浅水或港口时将舵提起，使舵叶得到保护。要知道，与"南海一号"同一时代的西方船舶，还不曾有船尾舵。在西方相关船舶史的著作中，其作者们一再强调：他们的船尾舵开始出现在 1242 年。

第五，"南海一号"木石结合碇的部件——石质碇杆，已经被发现，是呈棱形的长石条，与木质的碇杆、碇钩相结合就能成为完整的木石结合碇。过去，我们曾见过元代的石质碇杆，现在则可以将此种碇推前到宋代。此种带有横向石质碇杆的船碇，与 20 世纪初西方发明的钢质带有横杆的海军锚，在作用原理上颇有一致之处。虽然还不能说海军锚借鉴了中国的古碇，但是中国古代带有横杆的木石结合碇，其作用原理的先进性和合理性却为后世的海军锚所证实。

"南海一号"是我国宋代海运业十分发达的实物证据。我们期待着对"南海一号"的进一步考古发掘，相信"南海一号"必将极大地丰富中国的造船技术史。

3. 港口及其管理机构市舶司的建设

为了方便对商贸事务和往来船舶的管理，两宋朝廷在主要的通商海港设立有市舶司、市舶务或市舶场等机构。除了前已述及的唐代开元二年（714）在广州设立市舶使之外，在北宋及南宋时曾设立市舶司的地方有以下多处。

广州，971 年设市舶司。这是汉、唐以来南方的主要海港，侨居的外国人很多，宋时称为蕃坊。"南宋初年，广州仍保持着最大航海贸易港的地位。"①

杭州，978 年设两浙（路）市舶司，989 年设市舶司。"北宋时，它是直通汴京的大运河与海洋相通的南大门，故以国际贸易港和中转港的面目出现，其作用是舶货的进口征榷，使节、贡物由外海转内河并向京城汴梁的中转。南宋时，国都设在杭州，因而杭州港更带有浓厚的友好交往港的形态，以接待来访的各国使臣和舶商为主。从海外贸易角度来说，它是中国唯一的建过都城的海港。"②

明州（今宁波市），999 年设市舶司。在建立市舶司之前曾先后由两浙市舶司、杭州市舶司管辖。明州虽非都会，但为海道辐辏之所，南通闽广，东则倭国，北则高丽，商舶往来，物货丰衍。北宋末年起，为避免辽东金人的骚扰，所有与日本、高丽往来的船舶，悉由明州进出。

泉州，1087 年设市舶司。泉州位于闽东南海滨，扼晋江入海口，既有

---

① 中国航海学会. 中国航海史［M］. 北京：人民交通出版社，1988：161.

② 吴振华. 杭州古港史［M］. 北京：人民交通出版社，1989：190.

江岸，又有海湾，利于靠泊，是交通南洋的门户，海舶往来之盛仅次于广州。南宋时获得大发展，到宋末元初时，泉州的重要性竟凌驾于广州之上。

密州板桥镇（今山东胶州市），1088年设市舶司，是北宋时北方的重要海口。由于山东半岛北面的登州、莱州太靠近辽国，故在此设市舶司。

秀州华亭县（今上海松江区），1113年设市舶务。有专任盐官，旋即改由县官兼监，不久又改为专任。南宋绍兴二年（1132），一度将两浙市舶司移至此，至乾道二年（1166）罢。绍兴年间，两浙市舶司下有市舶务六处，包括临安、明州、温州、江阴及秀州的华亭与青龙镇（今上海青浦区）。

温州，1132年以前开始设市舶务。

江阴，1145年设市舶务。

秀州澉浦（今属浙江海盐县），1246年于此设市舶官，1250年设市舶务。

除了上述设有市舶司、市舶务的港口之外，通州（今南通）、扬州、楚州（今淮安）、海州（今江苏东海县）、镇江、平江（今苏州）、越州（今绍兴）、台州、福州、漳州、潮州（今广东潮安）、雷州（今广东海康）、琼州（今海口市）等，也都是两宋时期重要的通商港口。

4. 造船工场遍布沿海与内陆

北宋建都于开封，南北的漕运占相当重要的地位，在船舶种类中，漕运船也称纲船，为大宗，其他也有座船（客舟）、战船、马船（运兵船）等类。到了南宋时，运河的漕船锐减，漕运船（纲船）产量随之下降，因江防、海防的任务较突出，战船的产量逐渐有所提高。宋代的造船工场遍布内陆各州和沿海各主要港埠地区。

据《宋会要辑稿》记载，北宋真宗末年，纲船产量为每年2916艘，其中江西路虔州（后改名为赣州）、吉州（今江西吉安）占1130艘。至北宋后期，两浙路的温州、明州的造船份额增大，额定年产量各为600艘，而江西路与湖南路的虔州、吉州、潭州（今湖南长沙）、衡州（今湖南衡阳）四州共 723 艘。巴蜀的泸州、叙州（今四川宜宾）、眉州（今四川眉山）、嘉州（今四川乐山）也是重要的船舶产地。再有凤翔府的斜谷（今陕西眉县西南）和汉水金州（今陕西安康）也生产船舶。

南宋时海运业大盛，曾在福建路、广东路建造船工场。南宋初年，官府从广东路潮州发运粮食三万石到福州，每一万石为一"纲"，共"三纲"，另外还有一支船队则载粮前来温州交卸（《宋会要辑稿·食货》）。

"福建、广南海道深阔"，不若两浙路如明州一带，是"浅海去处，风涛低小"，因而所造船舶较大（《宋会要辑稿·食货》），吃水也较深，并有较优越的适航性能。"海中不畏风涛，唯惧靠搁，谓之凑浅，则不复可脱。"（《萍洲可谈》）

宋代造船业有官营和民营两类。为江防、海防打造战船之类任务当由官营造船工场承担。漕运船、客舟之类任务虽也有官营，但民营的分量也不小。甚至朝廷出使国外，也要仰仗民营造船工场并向其"顾募客舟"（《宣和奉使高丽图经》）。

宋代的官营造船工场具封建性，其造船工匠来源盖有三种：被发配的犯人；招募地方军（时称厢军）中有一定手艺的役兵；从民间征发来的工匠。所谓具有封建性，是指各类工匠都无自由可言。如果有"厌倦工役，将身逃走"者，得追捕办罪（《宋会要辑稿·职官》）。在各工匠中以犯人的身份最低下。"昼则重役，夜则镮锭，无有出期。"（《宋会要辑稿·职官》）北宋仁宗天圣七年（1029），荆湖南路转运使上陈，要求将"诸州杂犯配军""悉送潭州"，从事"水运牵挽又造船冶铁工役"（《宋会要辑稿·食货》）。

官营造船工场的这种封建性，影响了船场的发展。南宋时在福建路、广东路设立的官营船场，到隆兴二年（1164）时即行诏罢。而民营的造船工场，在繁盛的国内外贸易中则得以充分发展。《宋会要辑稿·刑法》中记有："漳、泉、福、兴化（即今福建兴化湾的莆田市），凡滨海

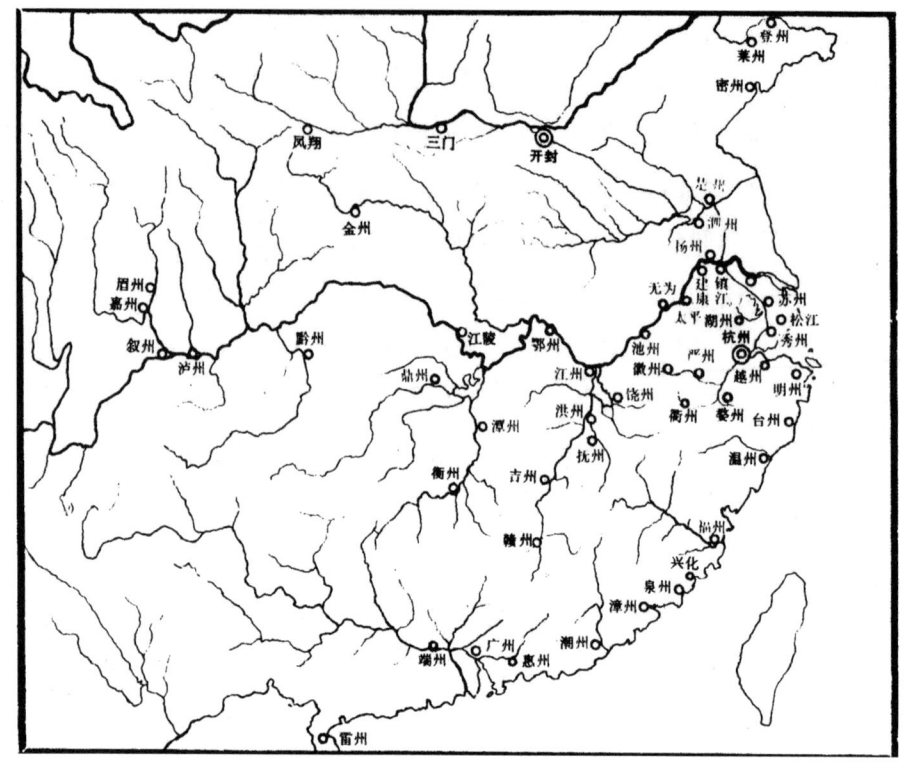

图4-1　宋代造船场地的分布（采自海洋出版社2013年版《中国造船通史》）

之民所造舟船，乃自备财力，兴贩牟利而已。"由此可看出民营造船业的发达景况。

　　关于宋代官营、民营造船工场的分布（图4-1），盖以内河与沿海运输的港口和连接点为主，并且要顾及有利于造船材料（木材、铁钉、桐油、石灰、麻皮、煤）的供应。在诸多研究中，以日本学者斯波义信的《宋代商业史研究》对造船工场的考证最为详尽。他充分利用中国的文献列出的地点如下：

　　两浙——温州、明州、台州、越州、严州（今建德）、衢州、婺州（今金华）、杭州、秀州澉浦镇、湖州、秀州（今嘉兴）、秀州华亭县、苏州、苏州许蒲镇（今常熟）、镇江、江阴。

福建——福州、兴化、泉州、漳州。

广南——广州、惠州、南恩（笔者疑为今恩平市）、端州（今肇庆）、潮州。

江东——建康（今南京）、池州（今安徽贵池）、徽州（今安徽歙县）、太平（今安徽当涂）。

江西——赣州、吉州、洪州（今南昌）、抚州（今抚州市临川区）、江州（今九江）。

湖北——鄂州、江陵、鼎州（今湖南常德）、荆南（亦即江陵）。

湖南——潭州、衡州、永州（今湖南永州市）。

四川——嘉州、泸州、叙州、眉州、黔州（今黔江地区彭水苗、土家族自治县）。

淮南——楚州、真州（今仪征市）、扬州、无为（今安徽辖县）。

华北——三门（今三门峡市）、凤翔、开封、京东西濒河。

宋代造船场地分布图当能给出较为明确的印象。

二、指南针用于航海与客货分运

1. 司南与指南浮针

指南针是中国古代四大发明之一，起源甚早，其祖式即"司南"。大约成书于公元前4世纪的《鬼谷子》写道："故郑人之取玉也，载司南之年，为其不惑也。"中国早期的司南已为科技史学家王振铎复原成功。在刻有八卦和天干地支表示方位的铜质光滑底盘上，置一光滑的以天然磁石制成的匙，以象征大熊星座（北斗七星），趋转匙之后，当匙缓缓停下时，匙指向南。但是，司南不能在活动的运载工具上使用，因为稍有活动或不平，其匙即滑脱。

图4-2 司南

北宋曾公亮撰《武经总要》完成于庆历三年（1043），所记指南鱼则能在车、船上应用。书中写道："若遇天景曀霾，夜色瞑黑，又不能辨方向，则当纵老马前行，令识道路。或出指南车及指南鱼，以辨所向。指南车法，世不传。鱼法：用薄铁叶剪裁，长二寸、阔五分，首尾锐如鱼形，置炭中火烧之，候通赤，以铁钤钤鱼首，出火，以尾正对子位，蘸水盆中，没尾数分则止，以密器收之。用时置水碗于无风处，平放鱼在水面，令浮其首，当南向午也。""这是一种利用强大地磁场的作用使铁片磁化的方法。把铁片烧红，令'正对子位'，可使铁鱼内部处于活动状态的磁畴顺着地球磁场方向排列，达到磁化的目的。蘸入水中，可把磁畴的规则排列较快地固定下来。而鱼尾略为向下倾斜，可起增大磁化程度的作用。"①

北宋科学家沈括所撰《梦溪笔谈》成书于 11 世纪末，据认为最早的刻本刊于乾道二年（1166）。书中记有："方家以磁石磨针锋，则能指南，然常微偏东，不全南也。"书中还记有装置磁针的四种方法：水浮、指爪、碗唇、缕悬。20 世纪 40 年代，科技史学家王振铎以图解的方式将四种装置方法给以形象而准确的诠释（图 4-3），并为《中国科学技术

---

① 杜石然，陈美东，周世德，等．中国科学技术史稿：下册［M］．北京：科学出版社，1982：11.

史稿》所采用。缕悬法即取新纩独茧缕以少许蜡缀于针腰，于无风处悬之，则针常指南。此法虽被沈括赞为"最善"，但后世广为应用的则是水浮法。

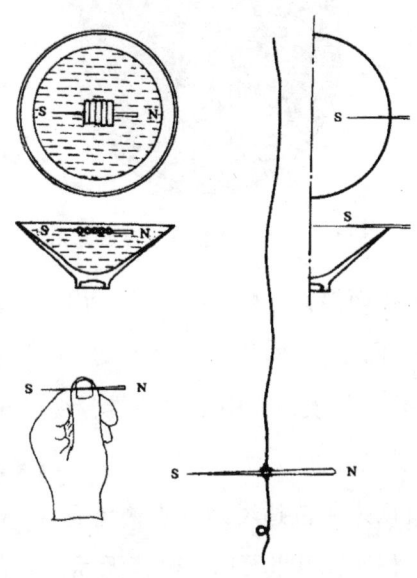

图4-3 指南针装置方法示意图

2. 指南浮针应用于航海

指南针水浮法的出现，为指南针在海船上的应用奠定了基础。12 世纪初，中国在世界上最早使用指南针导航。《萍洲可谈》记有："舟师识地理，夜则观星，昼则观日，阴晦则观指南针。或以十丈绳钩取海底泥嗅之，便知所至。"这是记录北宋时舟师利用天文导航并配合以"取海底泥"的地文导航技术的真切记录。据研究认为，《萍洲可谈》作者朱彧所记市舶往来与海舶规模等，系据其父朱服任广州知府时所见所闻。据《宋史·朱服传》记载，朱服曾任润州、莱州知府，徽宗即位（1100）后任庐州、广州知府，在广州任职时间为建中靖国元年（1101）至崇宁二年

（1103）。所以，中国海船应用指南针应为 1103 年以前的事情。

图4-4　早期的指南水浮针盘图

自北宋起，应用指南浮针导航的事例不断出现。宣和四年（1122），徐兢随路允迪出使高丽，宣和六年（1124），撰成《宣和奉使高丽图经》共四十卷。书中写道："是夜，洋中不可住维，视星斗前迈。若晦冥，则用指南浮针，以揆南北。"

其他的文献还有南宋赵汝适《诸蕃志》记有："海南……南对占城，西望真腊，东则千里长沙、万里石床，渺茫无际，天水一色。舟舶来往，惟以指南针为则，昼夜守视唯谨，毫厘之差，生死系焉。"南宋吴自牧《梦粱录》则记有："风雨晦冥时，惟凭针盘而行，乃火长（相当于驾驶员或船长）掌之，毫厘不敢差误，盖一舟人命所系也。"

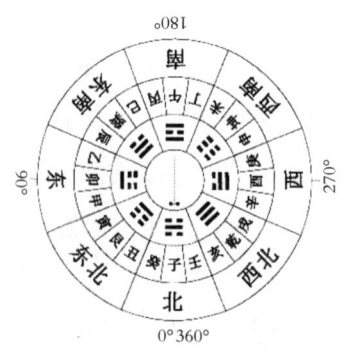

图4-5　罗盘方位图

宋代使用的早期指南水浮针盘，其结构由盘中央的水浮针与外圆的方位盘构成。方位盘以 24 个字表示，即用"十二地支"的子、丑、寅、卯、辰、巳、午、未、申、酉、戌、亥，再加上"天干八字"的甲、乙、丙、丁、庚、辛、壬、癸和"八卦四字"的乾、艮、巽、坤。船舶航行时，观察航船与某方位的关系，即可判定其方向。如子针代表正北即 360°，午针代表正南即 180°，卯针代表正东即 90°，酉针代表正西即 270°。乾针、巽针、艮针、坤针则分别表示西北（315°）、东南（135°）、北东（45°）、南西（225°）四个方位，其他则可依此类推，每两个字相差 15°。如果船舶航向恰在某两个字之间，则应取该两字以"某某针"表示航向，取该两字度数的平均值表示方向角。这样航向角可精确到 7.5°。这 24 个字的排列方式可参阅图 4–5 的罗盘方位图。

3. 宋代开始客货分运并出现客船

宋代造船业的成就还表现在出现了以载客为主的客船。隋炀帝巡幸江南的船队，可以称得上是最早的内河大型客船队或内河旅游船队。航行在海上的客船和客船队则始于北宋，这就是神舟和客舟。

《宋史・高丽传》记下了宋神宗于元丰元年（1078）遣安焘出使高丽国事，"造两舰于明州，一曰凌虚致远安济；次曰灵飞顺济，皆名为神舟。自定海绝洋而东。既至，国人欢呼出迎"。

宋徽宗于宣和四年（1122）遣路允迪及傅墨卿出使高丽时，就组成"以二神舟、六客舟兼行"的大型豪华船队。《宣和奉使高丽图经》记有："其所以加惠（高）丽人，实推广熙（宁）、（元）丰之绩。爰自崇宁（1102）以迄于今，荐使绥抚，恩隆礼厚。仍诏有司更造二舟，大其制而增其名：一曰鼎新利涉怀远康济神舟，二曰循流安逸通济神舟。巍如山岳，浮动波上。锦帆鹢首，屈服蛟螭。所以晖赫皇华，震慑夷狄，超冠古今。是宜（高）丽人迎诏之日，倾国耸观而欢呼嘉叹也。"同行的六艘客舟也"略如神舟"。书中写道："旧例每因朝廷遣使，先期委福建、两浙

监司顾募客舟，复令明州装饰，略如神舟，具体而微。其长十余丈，深三丈，阔二丈五尺，可载二千斛粟。其制皆以全木巨枋，撺叠而成。上平如衡，下侧如刃，贵其可以破浪而行也。"

客舟的载量按 2000 斛粟计，以每斛粟为 120 斤核算，则共计可载 120吨。按前述长、阔、深的尺度计，其排水量约为 250 吨。如按书中所述"若夫神舟之长、阔、高大，什物、器用、人数，皆倍客舟也"计算，神舟的载量应能达到 240 吨之数。客舟、神舟的长度将分别达到 30 米和 38米之数。

依《宣和奉使高丽图经》等所记，宋时船舶提高航海性能并增加航海安全有以下各种技术措施：

（1）在船两舷缚两捆大竹以增加在风浪中的稳定性与安全性。如所记"于舟腹两旁，缚大竹为橐以拒浪。装载之法，水不得过橐，以为轻重之度"。

（2）"若风涛紧急，则加游碇，其用如大碇。"当船舶在风涛中作横向及纵向摇摆时，游碇均可增加对摇摆的阻尼作用，以减缓摇摆，增加稳定性与安全性。

（3）"后有正拖（舵），大小二尊，随水浅深更易。"所记说明，可以因水道深浅而使用两种不同的舵。而且在大洋之中，为了控制航向和避免横向漂移，在船舶尾部，"从上插下二棹，谓之三副拖（舵），唯入洋则用之"。

（4）帆樯的设计和驶风技术都有改进。除了以篾制成的硬帆（利篷）外，还设有软帆（布帆）；将帆转向左右两舷之外，以便获得最大的风力；在正帆之上还加设小帆（野狐帆），风息时用之。书中则有："风正则张布帆五十幅，（风）稍偏则用利篷。左右翼张，以便风势。大樯（桅）之巅，更加小帆十幅，谓之野狐帆，风息则用之。然风有八面，唯当头不可行。……大抵难得正风，故布帆之用，不若利篷翕张之能顺人意也。"

（5）在风浪海中，船舶难免失速，降低了抵御风浪的能力。加野狐帆，借风势劈浪前进是改善风浪中耐波性、适航性的最有效措施，"舟行过蓬莱山之后，水深碧色如玻璃，浪势益大。洋中有石，曰半洋焦（礁），舟触焦则覆溺，故篙师最畏之。是日午后，南风益急。加野狐帆，制帆之意，以浪迎舟，恐不能胜其势，故加小帆于大帆之上，使之提挈而行"。

（6）船舶在远洋航行中，如何及时妥善处理海损事故，提高船舶生存能力显得尤为重要。现代海军称之为"损害管制措施"。今日从宋代的文献中也能窥见一斑。《萍洲可谈》即记有："船忽发漏，既不可入治。令鬼奴持刀、絮自外补之。鬼奴善游，入水不瞑。"

第二节　宋代海洋船舶的发掘与研究

一、泉州湾宋代海船的发掘与研究

1974 年夏，福建省泉州湾后渚港出土了一艘宋代木造航海货船（图 4-6）。这一重大考古发现，在中国乃至全世界都是罕见的。同年，《文物》杂志第 10 期刊登了发掘报告及有关学术论文。此后，在全国各种学术刊物上不断有关于泉州宋代海船的研究论文相继发表。1979 年 3 月，"泉州湾宋代海船科学讨论会"在泉州召开，会议集中了考古、历史、造船、航海、海外交通、地质、物理、化学、医药和海洋生物等诸多学科 100 多位学者，就宋代海船的年代、建造地点、航线、沉没原因、古船的复原以及出土文物的鉴定与考释等问题进行了深入的讨论并得出相应的结论。当年笔者以学术论文《对泉州湾出土的宋代海船及其复原尺度的探讨》与会并参与讨论。

泉州湾宋代海船的复原模型作为一项重要展品，于 1983 年 6 月在美国芝加哥科学工业博物馆举行的"中国：七千年的探索"展览会上展出。美国《芝加哥论坛报》在 6 月 5 日发表评论文章："中国人对世界发展做出了巨大贡献。"文中对中国的水针罗盘、造船和航海技术给予高度评价。

图4-6　泉州湾宋代海船于1974年夏出土

1. 泉州湾宋代海船的船型

泉州湾宋代海船出土时，船身基本水平。船体上部的结构已损坏无存，基本上只残留船底部。船首保存有首柱和一部分残底板。"船身中部底、舷侧板和水密舱壁保存较完好。舱底座和船底板也较好地保存下来。"①图 4-7 为古船残骸的测绘草图。

古船残骸长 24.2 米，宽 9.15 米，深 1.98 米。据残长，将各舱壁及首、尾轮廓线顺势外延，可初估船长为 30 米。庄为玑等人指出：宋代海船已经有大中小分类，依长度分为 30 丈、10 丈、10 丈以下，"泉州古船可达 30 米左右"。②

---

① 泉州湾宋代海船发掘报告编写组.泉州湾宋代海船发掘简报 [J].文物,1975（10）：1-8.

② 庄为玑,庄景辉.泉州宋船结构的历史分析 [J].厦门大学学报,1977（4）.

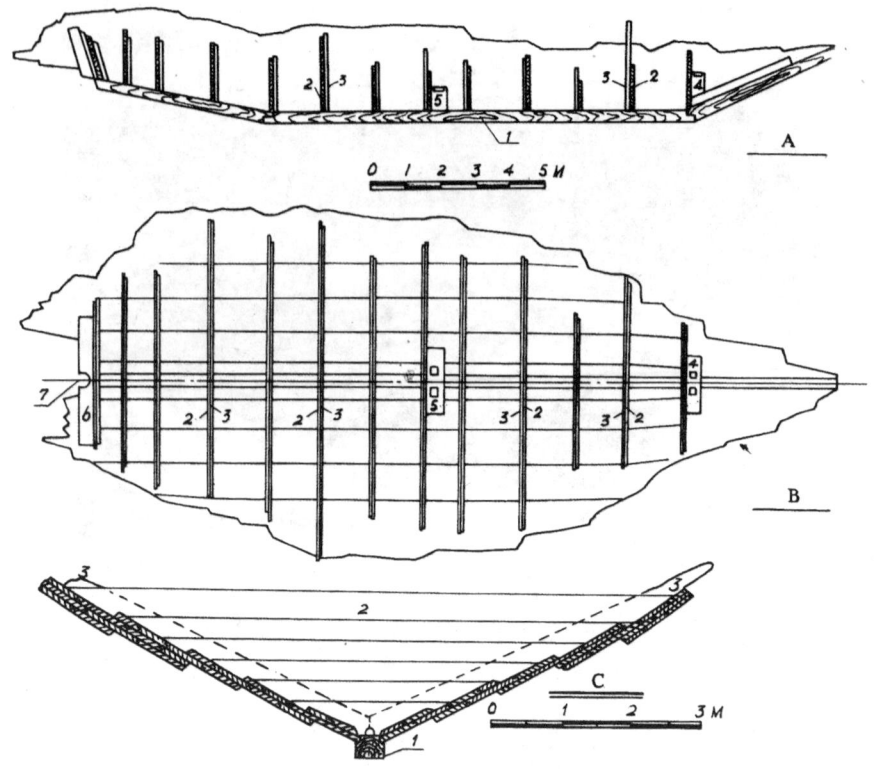

1.龙骨；2.舱壁；3.肋骨；4.头桅座；5.主桅座；6.舵杆承座；7.舵轴孔

图4-7　泉州湾宋代海船测绘草图

　　鉴于残宽已达 9.15 米，如使横剖线光顺地向上过渡，甲板处的宽度至少应为 10.5 米，这时满载水线处的宽度为 10.2 米。

　　许多史料都指出宋代远洋海船的吃水深且具有较好的航海性能。"海中不畏风涛，唯惧靠搁。"（《萍洲可谈》）"海行不畏深，唯惧浅搁。以舟底不平，若潮落，则倾覆不可救，故常以绳垂铅锤试之。"（《宣和奉使高丽图经》）据此，笔者依各种尺度比值的分析对比，船舶吃水取为 3.75 米，并获得泉州宋代海船的主要尺度为：

　　船长：30 米；干舷：1.25 米；水线长：27 米；干舷船宽比：0.123；

甲板宽：10.5 米；干舷型深比：0.25；水线宽：10.2 米；深吃水比：1.33；型深：5 米；方形系数：0.44；吃水：3.75 米；排水量：454 吨。

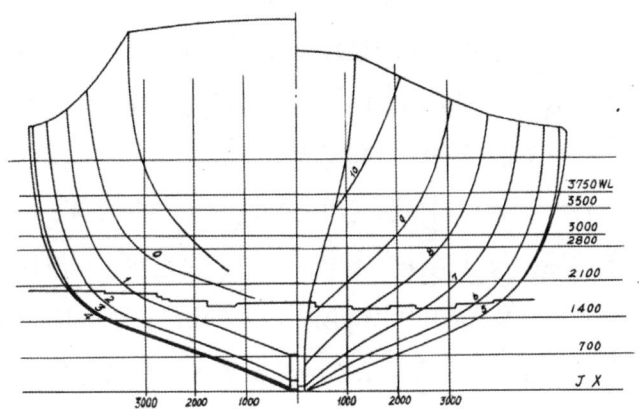

图4-8　泉州湾宋代海船复原的船体型线图

经复原的船体型线图如图 4-8 所示，图中标注线（高度约 2 米）以下为据实测值精确绘制，标注线以上为复原的结果。对船长及船宽的复原获得杨槱教授的支持，其对型深的复原为 4.15 米。①《泉州湾宋代海船复原初探》②一文中深度有 4.21 米之议。杨教授所取的型深虽较低，但其甲板具有相当的拱度，应当说这种安排也是有道理的。

泉州宋船的宽度大，而长与宽之比小，这对保证船舶稳性是极为有利的。船长不过分大也有利于尽量减少板材的接头，对船体强度有利。这样小的长宽比也并不会影响船的快速性，因为木帆船毕竟比现代船舶的航速低得多，对应于较低的航速选小的长宽比还是可行的。应当特别指出，古船的型线非常瘦削，这对保证快速性是很重要的。正如宋代徐兢在《宣和

① 杨槱. 对泉州湾宋代海船复原的几点看法［J］. 海交史研究，1982（4）：34.

② 泉州湾宋代海船复原小组，福建泉州造船厂. 泉州湾宋代海船复原初探［J］.
　文物，1975（10）：9-23.

奉使高丽图经》中所说："上平如衡，下侧如刃，贵其可以破浪而行也。"由复原的型线图可见："横剖线呈 V 形，斜剖线很平缓，水流除满载水线附近是沿水线流动之外，主要是沿斜剖线流动。据计算，该船的方形系数为 0.44，中剖面系数为 0.69，均较现代货船小得多。这一点可弥补长宽比过小对快速性带来的不利影响，同时，平缓的斜剖线可使弯曲外板的加工工艺得到改善。V 形的横剖面有利于改善耐波性。尖底和深吃水相配合可有较好的适航性，受到横向风吹袭时，抗横漂能力也较强。由此可见，泉州湾宋代海船的船型设计是综合考虑了稳性、快速性、耐波性和加工工艺等多种要求的。从现代船舶设计理论的角度来评论，也是值得称道的。"①

　　1975 年第 10 期的《文物》杂志同时发表了泉州湾宋代海船复原小组的《泉州湾宋代海船复原初探》一文，并给出了船体复原图（图 4-9）。该图充分反映了福建沿海著名船型——福船的各种特点。

　　1979 年 3 月召开的"泉州湾宋代海船科学讨论会"上，对泉州古船的研究获得以下几项重要成果：

　　（1）关于古船的年代。断定泉州船为宋代船的依据有三：第一，船舱中出土大量陶瓷器碎片，能复原的共 58 件，从器形、釉色、纹饰看都有宋代特征，未见有宋以后的瓷器。第二，舱中出土铜钱 504 枚，除 33 枚为唐钱外，其余全为宋钱。其中最晚的一枚是背为"七"的南宋"咸淳元宝"，乃咸淳七年（1271）所铸。这可认为是海船沉没绝对年代的上限②。第三，对沉船地点淤泥样品进行了海滩沉积环境的研究，结论是该船的沉没埋藏过程当有 700 年以上的时间③。

① 席龙飞，何国卫 . 对泉州湾出土的宋代海船及其复原尺度的探讨［J］. 中国造船，1979（2）：111.
② 泉文 . 泉州湾宋代海船有关问题的探讨［J］. 海交史研究，1978（创刊号）：51.
③ 林禾杰 . 泉州湾宋代海船沉没环境的研究［J］. 海交史研究，1982（4）：42-51.

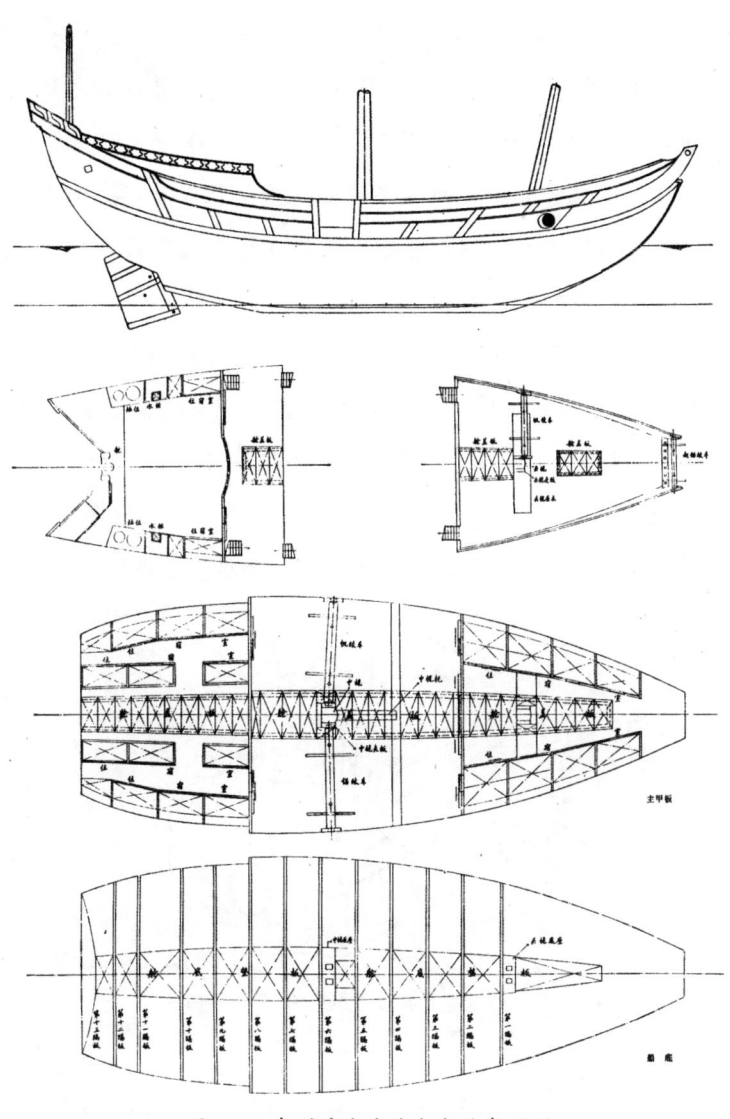

图4-9 泉州湾宋代海船船体复原图

（2）关于古船的航线。综合研究的结论是：这是一艘由南洋返航的
远洋船。第一，船舱中出土的香料、药物，在数量上占出土文物的第一
位，计有降真香、沉香、檀香等香料木和胡椒、槟榔、乳香、龙涎、朱
砂、水银、玳瑁等药物。这些香料、药物的主要产地是南洋诸国和阿拉伯

沿岸，俗称"南路货"，而载此货的船当为南路船。第二，北宋元祐二年（1087），政府已在泉州设市舶司，南宋时泉州是通向南洋的重要门户，判断该船航驶南洋合于历史、地理条件。第三，船中出土的贝壳和船壳附着的海洋生物，大部分属于暖海种。更发现船壳上有很多钻孔动物——巨铠船蛆，对船板破坏严重。这种船蛆标本是在我国沿海从未发现过的。这是船舶来自南洋一带的最有力的证据[①]。

（3）关于古船的建造地点。从造船工艺看，船板用铁钉钉合，缝隙又塞以麻绒油灰，这不仅与大食（波斯）船、日本船、扶南（柬埔寨）船很容易区别，就是与本国的广东船建造方法也不相同。"特别值得注意的是，海船龙骨接合处凿有'保寿孔'（图4-10），中放铜镜、铜铁钱等物，其排列形式如'七星伴月'状，据称这是本地造船的传统习惯。"[②]

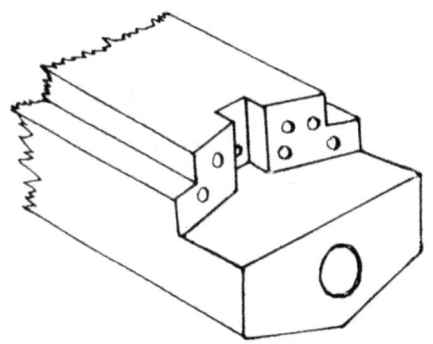

图4-10　龙骨接合处的"保寿孔"图

（4）关于海船的沉没原因。船底无损，可信并非触礁；港道水深，不会搁浅；只要驶向附近的洛阳江也可避台风；即使遇难，只要有人管理也可营救。从海船上部皆损破，大桅也被拔掉，舱内瓷器多成碎片，且一件

①　李复雪.泉州湾宋代海船上贝类的研究［J］.海交史研究，1984（6）：107.
②　泉文.泉州湾宋代海船有关问题的探讨［J］.海交史研究，1978（创刊号）：51.

瓷器的碎片分散到各舱等情况看，说明沉船前或有风浪冲击，或有人为的战乱，造成了"野渡无人舟自横"的局面。许多史学家分析，南宋末年，泉州提举市舶蒲寿庚降元朝，宋将张世杰率军进攻泉州，泉州风云突变，战火纷飞，海船可能是在此期间沉没的，时为1277年。

　　为了开展科学研究的需要，泉州湾宋代海船，已陈列在泉州海外交通史博物馆的古船陈列馆（图4–11）。在精美的大理石立柱上刻着金字的诗句："州南有海浩无穷，每岁造舟通异域。"这是南宋惠安人谢履的两句诗，这既是福建泉州地区造船事业兴旺发达的写照，也是言决心扩大造船与航海业之志。

图4–11　泉州海外交通史博物馆古船陈列馆

2. 泉州宋代海船船体结构的特点

　　（1）龙骨：泉州宋船松木主龙骨断面为宽420毫米，厚270毫米，长12.4米。在尾部接上长度为5.25米的尾龙骨。首端接以樟木首柱，残长4.5米。龙骨的接头部位选在弯矩较小的靠近首尾1/4船长处，接头用"直角同口"榫合，接口340毫米，未见铁迹。接头的形式能适应所有可能遇到的各种外力。造船匠师的深思熟虑得以充分展现。

　　（2）壳板：船壳系多重板构造。紧临龙骨的第1、第2列板用樟木，其余为杉木。壳板都以整木裁制，板宽280—350毫米，长9.21—13.5米。船壳的内层板厚82—85毫米，中层厚50毫米，外层厚45—50毫米。

关于中国船舶在结构上的特点和优点，马可波罗曾说："船用好铁钉结合，有二重板叠加于上。"①日本学者桑原骘藏曾考证："侧面为欲坚牢，用二重松板。"②泉州宋船为上述论述提供了实物证据。

壳板的边缝系混合采用平接与搭接方式，从外观看是搭接的且残留四个级阶：第一级宽约 500 毫米，逐级加宽 100 毫米，第四级宽约 900 毫米。每一列壳板的端接缝则采用"斜角同口""直角同口"方式。所有边接缝和端接缝均采用子母口榫合，并塞以麻丝、桐油灰捻料，还加上铁钉。钉有方、圆、扁诸种，钉法多样。

（3）舱壁及肋骨：泉州宋船设有 12 道水密舱壁将船分隔成 13 个货舱。舱壁板厚 100—120 毫米，多用杉木，边缝榫接并填塞捻料。最下一列壁板用樟木以耐腐蚀，在近龙骨处开有 120 毫米 × 120 毫米的流水孔（见图 4-7-C）。

舱壁板周边与壳板交界处，装设由樟木制成的肋骨。值得注意的是：船中以前的肋骨都装在壁板之后；船中以后的肋骨又都装在壁板之前，这有助于舱壁板的固定和全船的整体刚性。近代铆接钢船上的水密舱壁设周边角钢，从功用到安装部位，这肋骨与周边角钢都是一致的，可以说后者是由前者演变而来的。古船这种极其巧妙而合理的设计，使今日的造船工程师也称赞不已。

《马可波罗行纪》写道："若干最大船舶有最大舱十三所，以厚板隔之，其用在防海险，如船身触礁或触饿鲸而海水透入之事，其事常见……至是水由破处浸入，流入船舱。水手发现船身破处，立将浸水舱中之货物徙于邻舱，盖诸舱之壁嵌甚坚，水不能透。然后修理破处，复将徙出货物

---

① ［意］马可波罗.马可波罗行纪［M］.冯承钧，译.上海：商务印书馆，1936：620.

② ［日］桑原骘藏.蒲寿庚考［M］.陈裕菁，译.上海：中华书局，1929：5.

运回舱中。"①泉州宋船用12道舱壁将船分隔成13个舱，与马可波罗的记叙是非常一致的。

（4）可眠桅技术：泉州宋船保存下来两个桅座，都用大块樟木制成。首桅座在第一舱中，长1.76米，宽0.5米，厚0.36米；座面开有两个240毫米×210毫米的桅夹柱孔，间距400毫米。主桅座在第六舱中，长2.7米，宽0.56米，厚0.48米，桅夹柱孔为320毫米×240毫米，间距600毫米（图4-12）。与现代中国帆船相一致，两个桅夹柱应是与舱壁相连接的，用来固定船的桅杆。中国船的桅杆可眠倒和拆卸，在泉州宋船主桅前的第五号舱壁上留有宽300毫米，残高340毫米的方形孔，证实了泉州宋船当时已经采用了可眠桅、卸桅的技术。

图4-12　主桅座

大桅可以起、倒之技术，在《清明上河图》已有所见，在北宋的文献上也有记载。《梦溪笔谈》中有一则故事：嘉祐年间，苏州昆山县海上，有一船桅折，风飘抵岸。船中有三十余人，衣冠如唐人，但语言不可晓，

---

① ［意］马可波罗.马可波罗行纪［M］.冯承钧，译.上海：商务印书馆，1936：620.

后得悉为高丽船。时赞善大夫韩正彦知昆山县事,"正彦使人为其治桅。桅旧植船木上,不可动,工人为之造转轴,教其起倒之法,其人又喜"。由此可见,其时桅能够起、倒已是成熟技术。

(5)舵可以升降:现存的舵承座由三块大樟木构成,又用两重樟板加固于承座之背面。舵承座板残长 3.44 米,残高 1.37 米,宽 0.44 米。附加樟板厚 200 毫米。舵承的轴孔直径 380 毫米,可知所配舵杆直径应近于 380 毫米。舵承的轴孔向后倾斜 22 度,这一数据与现代船相近。在第十一舱还曾出土一樟木的绞车轴残段,长 1.4 米,直径 350 毫米[1]。轴身凿有两个直径 130 毫米的圆通孔,当是绞棒孔。这绞车轴或就是起舵用的绞关构件。中国海船的舵一向可以升降:降下去可以提高舵效,还有利于抗横漂;提升起来使舵获得保护。看来这一成熟技术在宋代泉州海船上已经使用。

3.造船工艺的先进性

(1)二重、三重板技术:泉州宋船三重板的总厚度约为 180 毫米。若用单层板,不仅弯板困难,而且由于板材具有残留应力而有损于强度,是不可取的。但是,若采用二重、三重板,两重板之间应不留空隙,以避免或减缓腐蚀,这就要求加工工艺十分精细。泉州宋船发掘过程中,曾将各层外壳板卸下,各板列保存十分完好,而且有充分的弹性。工艺的精细已得到证明。

(2)选材适当而考究:泉州宋船各种构件均依所处部位、受力状况和受腐蚀程度的不同而选用不同的木材。各部位的木材均经过科学鉴定[2]。

龙骨,采用马尾松,取其纹理直、结构粗壮,也耐腐蚀的特点。其材在我国分布很广,福建数量最多,从古到今都是我国南方造船用材。

舷侧板、船底板、舱壁板等,主要采用杉木,取其纹理直、疤节少、

---

① 福建省泉州海外交通史博物馆.泉州湾宋代海船发掘与研究 [M].北京:海洋出版社,1987:21-22.

② 陈振端.泉州湾出土宋代海船木材鉴定 [J].海交史研究,1982(4):52.

图4-13　三重板结构

材质轻的特点。杉木分布于浙江、安徽、福建、江西、湖南、湖北、四
川、贵州、云南、广西、广东各省区，一向是我国的优良造船材料。

　　肋骨，首柱，舵承座，桅座，舱壁最下一列板，临龙骨的第1、第2
列壳板以及绞车轴等，均采用樟木，取其结构细致、坚实和耐腐蚀的特
点。樟木分布于福建、台湾、江西、浙江等许多省份，而以福建、台湾为
最多，历来是我国南方重要的造船材料之一。泉州宋船在我国的重要地
位，也在于它能就地取材。

　　（3）壳板的钉连技术：壳板横向的连接缝系平接与搭接混合使用。纵
向则采用"斜角同口""滑肩同口"和"直角同口"等方法，"钩子同口"
在泉州宋船尚未发现（图4-14）。"不论是横接或纵接都予以子母榫榫
合，并塞以麻丝、桐油灰捻料，还加上铁钉。"①铁钉的断面形状有方形、
圆形、扁形、棱形等多样并有不同的钉帽，但多已严重锈蚀，钉的名称

---

① 福建省泉州海外交通史博物馆．泉州湾宋代海船发掘与研究［M］．北京：海
　洋出版社，1987：19.

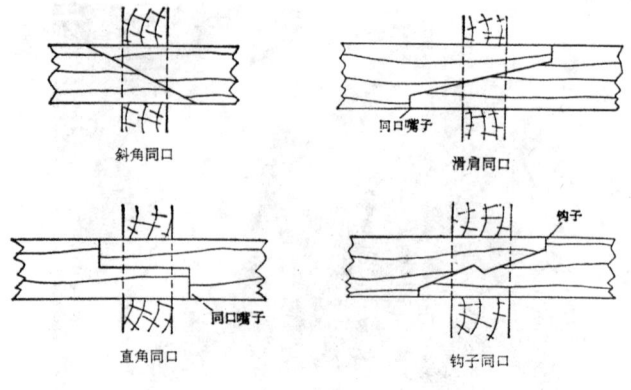

图4-14　板列纵向连接的几种方式

多因地而异，如图4-15所示。据日本学者桑原骘藏考证，唐时大食船舶"不用钉，以椰子树皮制绳缝合船板，其隙则以脂膏及他尔油涂之，如此而已"。桑原骘藏还特别提及，"唐末刘恂居广州，其所著《岭表录异》在'大食船与中国船之比较'条中说：'贾人船不用钉，只使桄榔须系缚，以橄榄糖泥之。'"。然而在中国，用钉钉连船板的技术可上溯到战国时代，战国时代用铁箍拼连船板的技术，当是锔钉（蚂蟥钉）的祖式。在泉州古船出土之前已发现有多艘唐、宋时期的船舶采用钉连船板技术。1962年，杨槱教授就得出结论："宋时造船无疑已广泛采用铁钉来钉连船板。"①

在中国，钉连船板技术中最为重要的，也最具有技术先进性的，是使用挂锔，或称为锔钉，这在泉州古船也有发现。锔钉长约500毫米，宽50毫米，厚6毫米，一端折成直角，用以钩住外板并钉在舱壁上，为此锔钉上有4个小方孔。"铁钩钉（即锔钉）的残迹，仅第八舱就残留14处之多。"②

① 杨槱.中国造船发展简史［C］//中国造船工程学会.中国造船工程学会1962年年会论文集：第二分册.北京：国防工业出版社，1964：13.

② 徐英范.挂锔连接工艺及其起源考［J］.船史研究，1985（1）：66.

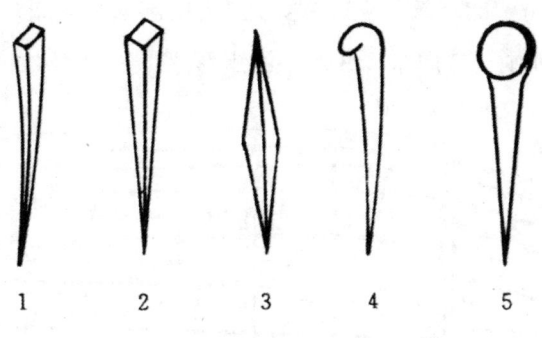

图4-15　船用钉

如图4-16所示，挂锔的根本作用，在于将外板拉紧并钉连在舱壁上。做法是先在舱壁上预先开锔槽，在外板上开孔缝，把锔（钉）由外向内打进并就位在舱壁的锔槽内，再用钉将锔钉钉在舱壁上。

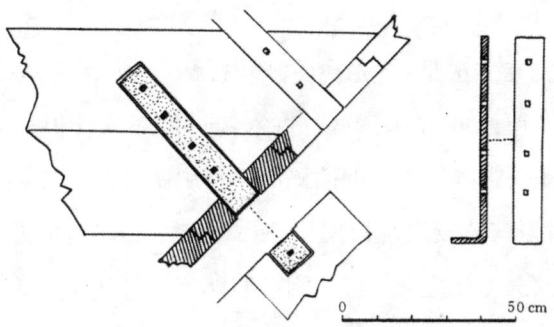

图4-16　泉州宋船所用挂锔（锔钉）及其钉法

在应用挂锔或锔钉之前，是应用木钩钉将外板紧紧地钉在舱壁上。所谓木钩钉，实际上就是木质舌形榫头。此种结构在离泉州湾古船不远处的泉州法石乡南宋古船上就曾发现。

1982年，在福建泉州法石乡试掘到一艘南宋古船。"隔舱板和底（部外）板除用方钉钉合外，还用木钩钉（舌形榫头）加固。""现存的木钩钉中，仅有 2 根完整的。长约 75 厘米，钉头横剖面呈 6 厘米 ×6 厘米的方形，钉尖横剖面则呈 2 厘米 ×3 厘米的矩形。"①（图 4-17）

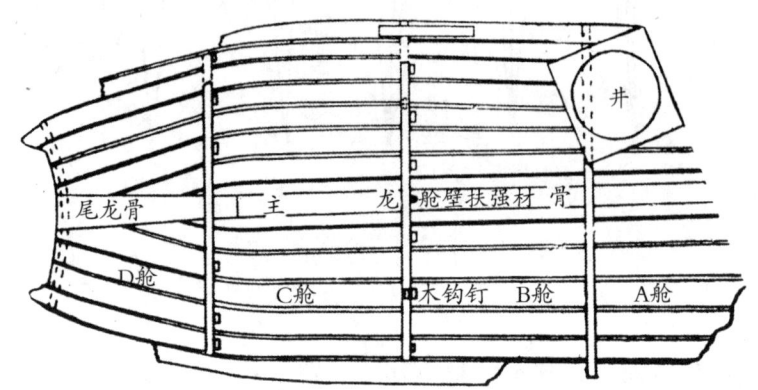

（注：舱壁板前一系列小方形即木钩钉——舌形榫头）

图4-17　法石宋代古船及其木钩钉的分布

木钩钉的安装方法是："先在底部外板贴近舱壁板前壁面交界处凿通一个 6 厘米 ×6 厘米的方孔，然后将木钩钉由底部外板外侧垂直打进方孔，使它的内侧面紧挨舱壁板的前侧面，再用铁钉把它与隔舱板钉合。"②

显然，"因为铁器较之木器使用在后，技术上铁锔更为先进，所以可初步得出结论：铁（挂）锔是对木钩钉的模仿、改进和发展"③。

1978 年，上海市嘉定县封浜乡也曾出土一艘南宋时期的木船，在该船舱壁与底部外壳板的接合处，也发现有宽背铁钩钉（挂锔）紧紧钩住外

① 中国科学院自然科学史研究所等联合试掘组.泉州法石古船试掘简报和初步探讨［J］.自然科学史研究，1983（3）：164-172.

② 中国科学院自然科学史研究所等联合试掘组.泉州法石古船试掘简报和初步探讨［J］.自然科学史研究，1983（3）：167.

③ 徐英范.挂锔连接工艺及其起源考［J］.船史研究，1985（1）：69.

壳板并钉在舱壁上，如图 4-18 所示①。由此可见，这种较为先进的挂锔技术，在宋代已是成熟的实用技术。

图4-18　封浜宋船在舱壁与壳板接合处的宽背铁钩钉

（4）水密捻缝技术：泉州宋船在各种构件间广泛采用子母榫榫合、铁钉钉连和挂锔技术，此外更采用以麻丝、桐油灰捻缝，以保证水密性并使铁钉减缓锈蚀的技术。此种成熟的技术一直沿用到现在。关于捻料，在泉州宋船发现的有两类：一类捻料的构成为麻丝、桐油、石灰（有时使用贝壳灰）；一类捻料的构成为桐油、石灰。前者适用于填塞板缝及较大的缺损部位，后者适用于表面填补和封闭。②

桐油是我国特产，其化学成分是桐油酸甘油酯，易发生氧化、聚合反

---

①　倪文俊.嘉定封浜宋船发掘简报［J］.文物，1979（12）：32.

②　李国清.对泉州湾出土海船上捻料使用情况的考察［J］.船史研究，1986（2）：
32-33.

应，形成的漆膜坚韧耐水。石灰本身有很强的黏结性，将石灰和桐油调和，能促进桐油的聚合干结，并能生成桐油酸钙，有很好的隔水填充作用。贝壳灰的碳酸钙含量可达90%以上，经高温焙烧的俗称"蛎灰"，古代称为"上粉"，最适于调和桐油灰捻料。麻丝或麻制旧品（如旧渔网等）经人工复捣，在捻料中有充填、增加附着性、防止开裂和提高团块的机械强度等重大作用。

二、宁波宋代海船的发掘与研究

宁波古船于1979年4月在宁波市东门口交邮工地施工中被发现。尾部自第8号肋位起因施工而遭到严重破坏。好在自首至尾的第1号到第7号肋位的船体底部均得以发掘并有实测图可作为复原的依据[①]。宁波古船压在宋代层之下，"在船的底部出土有'乾德元宝'一枚。出土瓷器也是五代至北宋时期的产品，因之据认为船舶是属于北宋时期所建造的"。

1. 宁波宋船的船型概况

依据《宁波东门口码头遗址发掘报告》提供的实测图，将各肋位横剖面线向上自然延伸，试取1.5米、1.75米、2米三种吃水，得到相应的型宽和各种尺度，经过论证，宁波古船的复原尺度为：

水线长：13米；总长：15.5米；型宽：4.8米；甲板宽：5米；吃水：1.75米；型深：2.4米；排水量：53吨。

宁波古船的这一组尺度，与宁波、温州的著名船型绿眉毛相比，除长宽比较小之外，其他尺度比皆属正常。（表4-1）

---

① 林士民. 宁波东门口码头遗址发掘报告［G］//浙江省文物考古所. 浙江省文物考古所学刊. 北京：文物出版社，1981：105-129.

表4-1　宁波古船与浙江绿眉毛船的比较表

船型	水线长L（米）	型宽B（米）	型深D（米）	吃水T（米）	L／B	B／T	B／D	D／T
宁波绿眉毛	15.6	3.38	2.26	1.45	4.62	2.33	1.5	1.56
温州绿眉毛	17.4	5.12	2.46	1.62	3.4	3.16	2.08	1.52
宁波古船	13	4.8	2.4	1.75	2.71	2.74	2	1.37

根据已有的实测图，我们绘出了经复原的宁波宋船船体型线图草图。《宁波东门口码头遗址发掘报告》正确地指出："这是一艘尖头、尖底、方尾的三桅外海船。"

2. 宁波宋船的结构特点

古船的龙骨剖面为260毫米×180毫米，其接头选在首尾弯矩较小的部位。龙骨接头采用"直角同口"连接，并选在舱壁或肋骨所在位置。

图4-19　宁波宋船的龙骨采用"直角同口"连接（宁波文管会提供）

　　龙骨用松木，首柱用杉木。首柱与龙骨交接处选在第 1 号舱壁之下，此舱壁之前设有头桅座，在这狭小的空间填以麻丝与桐油灰以确保水密性。

　　在第 5 号肋位设有水密舱壁，舱壁之前设主桅座（图 4-20）：长 105厘米，宽 25 厘米，厚 18 厘米。中间开有 2 个 150 毫米 ×80 毫米 ×50 毫米的桅夹柱孔，孔距 150 毫米。前桅座与主桅座制作讲究。

图 4-20　宁波宋船的主桅座（宁波文管会提供）

　　在主桅座紧临的第 5 号舱壁后面，有一根 1 米多长的舱壁"扶强材"，从龙骨的下面榫入，一直穿透龙骨并紧贴在第 5 舱壁后面，用钉与舱壁钉牢。此"扶强材"的构造形式，与前述法石宋船的木钩钉作用基本一致："限制构件之间的相互移动，保证舱壁板的定位；把舱壁板和外板紧密地连接起来，保证船体的强度和刚度；用于加强舱壁列板之间的连接，起舱壁扶强材的作用。"①

　　宁波宋船在结构上的一个特点是：全部用樟木制成"舱壁肋骨"，
制作规整，宽度一般在底部为160—250毫米，越向上越窄。其厚度仅
70—100毫米。在此处如若加舱壁，则舱壁加在此"舱壁肋骨"之上（图
4–21）。它是船体横向结构的主要部分，因为是用樟木制成的，所以保存
较完好。在底部，即与龙骨交接处，每档都有一个流水孔。

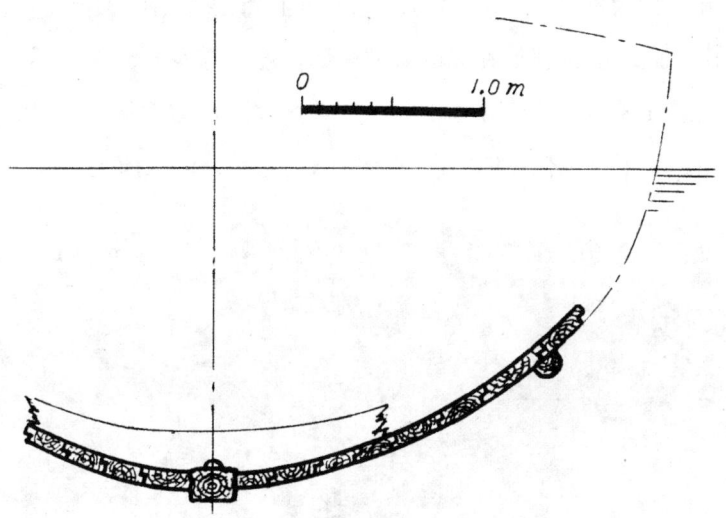

图4-21　宁波宋船第6号肋位的实测图

　　船壳板多用杉木制作，也有用松木、樟木的。壳板最宽达420毫米，
最窄的210毫米，厚60—80毫米。壳板的纵向接头采用"滑肩同口"连
接，接头的长度达1.55米以上。壳板横向边接缝以子母口榫合的方法，子
母口高度为20—40毫米。壳板缝均用桐油、石灰、麻丝捣成的捻料加以
填充。

① 徐英范.挂锅连接工艺及其起源考［J］.船史研究，1985（1）：68.

3. 宁波宋船装上了减摇龙骨

宁波宋船的出土有一项惊人的发现，那就是该船竟装有现代海洋船舶经常装设的减摇龙骨。减摇龙骨由半圆木构成，最大宽度 90 毫米，贴近船壳板处的厚度为 140 毫米，残长达 7.10 米，用两排间隔 400—500 毫米的参钉固定在第 7 列和第 8 列壳板的边接缝上。

如图 4-21 所示，此半圆木远在舷边之下，它绝不是通常的护舷木，从部位和断面尺寸看，也不是对纵总强度有重要作用的大擸。由图 4-21 可以看出，此半圆木正处在船的舭部，即使船舶在空载时它也不会露出水面。当船舶在风浪里作横摇运动时，它会增加阻尼力矩从而能起到减缓摇摆的作用，它正是现代船舶中经常运用的舭龙骨，即减摇龙骨。[1]

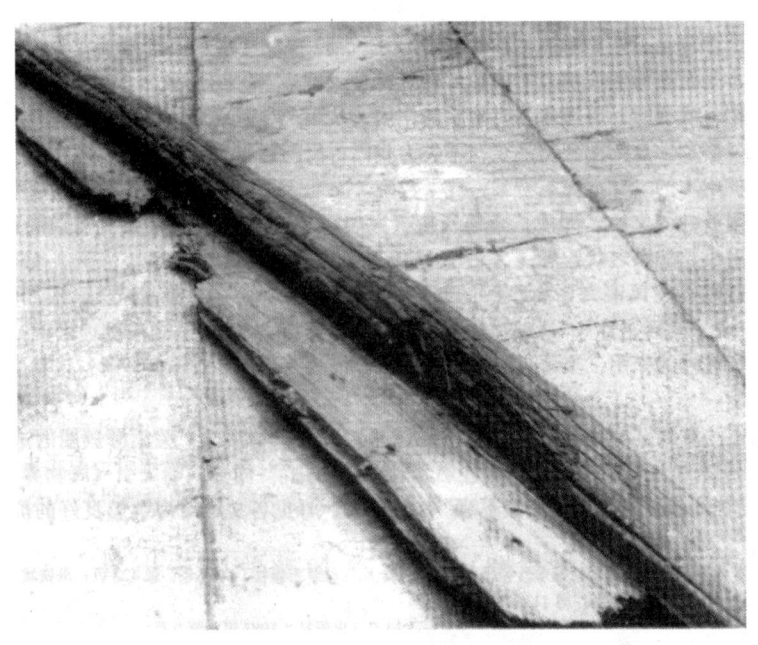

图4-22　宁波宋船的减摇龙骨

---

[1]　席龙飞，何国卫 . 对宁波古船的研究 [J] . 武汉水运工程学院学报 .1981（2）：29.

减摇龙骨通常是顺着流线安装在船体舭部的长板条，它是靠船舶横摇时的流体动力作用产生稳定力矩的一种被动式的减摇装置。在两舷舭部安装的减摇龙骨尺寸及其总面积 Ab 通常有表 4–2 的相对值。

表4–2　减摇龙骨长度、宽度、总面积的相对值*

l/L	b/B	Ab/LB	0.5Ab/LT	参考文献
0.25—0.75	3%—5%	2%—4%	—	《船舶摇摆》[1]
0.25—0.75	2%—5%	—	2%—4%	《船舶摇摆与操纵》[2]

　★表中 L、B、T 分别为船长、船宽及吃水；l、b、Ab 分别为减摇龙骨的长度、宽度及总面积。

宁波古船减摇龙骨的相对尺寸分别为：

l/L=0.57；b/B=1.88%；Ab/LB=2.16%；0.5Ab/LT=2.96%。

两者相比较，除宁波古船减摇龙骨的相对宽度 b/B 比表 4–2 所列的数值稍小之外，其余几项，大致相符。据此尺寸按现代钢质扁平的舭龙骨计算[3]，摇摆幅度比不设此舭龙骨可减小 25.0%。可见，减摇龙骨的减摇效果是很显著的。

在国外，"开始使用舭龙骨是在 19 世纪的头 25 年，即在帆船时

---

① ［苏］C.H.勃拉哥维新斯基.船舶摇摆［M］.魏东升，译.北京：高等教育出版社，1959：422.

② 冯铁城.船舶摇摆与操纵［M］.北京：国防工业出版社，1980：114–115.

③ 中华人民共和国船舶检验局.海船稳性规范［M］.北京：人民交通出版社，1981：9.

代"①，这就是说在1800年到1825年间。"宁波出土的宋代海船说明，我国至晚在北宋末年，就实际应用了减摇龙骨，它比国外大约要早700年。"②

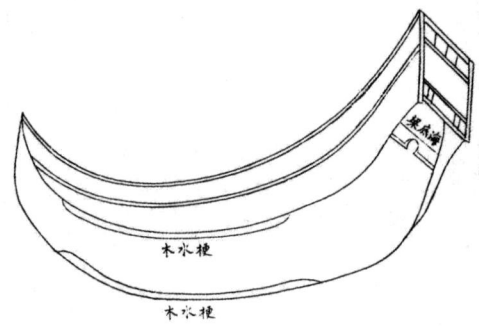

圖底船沙

凡造沙船多用整木取其堅固
每逢夏日將船底灰於塢内先刮
去油灰麻皮及雨季塢坞後用
上高塢其省者抹於桐瞳謂之
塗桐油謂於沙灘上加
閒必須上高塢一次以修葺之

木水梗

木水梗

图4-23　梗水木（采自《江苏海运全案》）

经查阅，中国关于减摇龙骨这一技术也有文字记载和图形资料。清代道光六年（1826）刊印的《江苏海运全案》中有"沙船底图"，图4-23中的梗水木即减摇龙骨。梗水木是设在船舶底部开始向舷部转弯部位（即舭部）的两条木板，当船舶在风浪作用下横摇时，因梗水木有阻水的作用，从而产生阻尼力矩以减轻摇摆。用梗水木一词既确切又形象。这幅图

① ［苏］C.H.勃拉哥维新斯基.船舶摇摆［M］.魏东升，译.北京：高等教育出版社，1959：420.

② 席龙飞，何国卫.中国古船的减摇龙骨［J］.自然科学史研究，1981（4）：369.

画得逼真，不失为我国古典图籍中少有之佳品。

讲到梗水木的《江苏海运全案》成书较晚。在北宋之前还有记叙船舶在风浪中具有较好适航性与耐波性的文献，即唐代李筌所撰《太白阴经》。李筌在书中讲到海鹘船："头低尾高，前大后小，如鹘之状，舷下左右置浮板，形如鹘翅，其船虽风浪涨天，无有倾侧。"

海鹘船之所以能在风浪海中有较好的御浪性能，在于"舷下左右置浮板，形如鹘翅"。这梗水木或减摇龙骨，是否就是李筌书中的"浮板"？如果从御浪机理来说，这梗水木确有改善耐波性的作用，当可自圆其说。但对浮板的"浮"字应作何理解，也是值得进一步探讨的问题。

我们还注意到，清代陈元龙的《格致镜原》引《事物绀珠》关于海鹘船的这样一段记载："海鹘船头低尾高，前大后小，左右置浮板，如翅。"又引《海物异名记》，有"越人水战有舟名海鹘，急流浴浪不溺"的记载。可见各文献对海鹘船良好的抗风浪性能都是肯定的，同时也说明浙江地区所建造的海船有很好的航海性能。

越人所建造的海船具有良好航海性能并有相当的自信，这在文献上也有记载。《宋会要辑稿》记载："孝宗隆兴二年（1164）五月二日，淮东宣谕使（张浚）言：去年三月都督府下明、温各造平底海船十艘，因明州言平底船不可入海，已获旨准。"

宁波宋船实际应用了减摇龙骨这一技术，对改善船舶航海性能，保证航海安全起了重要作用。"由于这一技术具有简单、经济的重要特点和优点，迄今仍在继续发挥重要作用。这是我们祖先对世界航海事业的重大贡献之一。"①

---

① 席龙飞，何国卫.中国古船的减摇龙骨［J］.自然科学史研究，1981（4）：371.

第三节　元代的海上交通与海战

一、海上交通往来频繁

元朝是个强大的帝国，在政治和文化上，吸收了南宋的宝贵传统，并大力加以发扬。在海上交通方面尤其如此。

元世祖忽必烈灭南宋以后，收纳了南宋许多与航海事业有关的人才。其中最著名的是，曾在南宋时任泉州提举市舶 30 年、拥有大量海舶的蒲寿庚。蒲寿庚降元后，大受宠信，先后升任到闽广大都督兵马招讨使、江西省参知政事、中书左丞等职，并受命诏谕海外，以复互市。《元史·世祖纪》记有：至元十五年（1278）八月，"诏行中书省唆都、蒲寿庚等曰：'诸蕃国列居东南岛寨者，皆有慕义之心，可因蕃舶诸人宣布朕意。诚能来朝，朕将宠礼之。其往来互市，各从所欲。'"。此外还有南宋末年长江口的崇明人朱清和嘉定人张瑄，他俩全是渔民出身，一同贩过私盐，也做过海盗，官吏搜捕紧急时，则航海北逃到渤海一带，"往来若风与鬼，影迹不可得"，他们十分熟悉海道与航海业务。被忽必烈收用后，曾随元丞相伯颜浮海南下攻灭南宋；后来成为大元海运的主持人。

元承宋制。宋代的诸海港，仍是元代的重要海港。元代也和宋代一样，在全国几个重要海港分设市舶司。主要有三处，即泉州、广州、庆元（今宁波）之市舶提举司。除此之外，其他设立过市舶提举司的还有上海、澉浦、温州、杭州等处。元代这些设立市舶提举司的地方，都在长江口以南，而长江口以北的海上交通运输，主要是兴办"海运"。

元代重视对外经济与文化交流，海外来中国的各界人士甚众，且多受到元朝廷的优厚待遇，有的还在元朝位居要职。同时，元朝也不断派出使节、游历家等至海外通好。其中影响较大的有亦黑迷失、杨庭璧、周达观、汪大渊等。

亦黑迷失，元初著名的航海家和外交家。据《元史·亦黑迷失传》记载，他曾任兵部侍郎，荆湖、占城等处行中书参知政事，两次奉诏参与元朝对东南亚的军事行动。至元九年（1272）起，屡次出使僧迦刺（今斯里兰卡）、八罗孛国（今印度东南部泰米尔纳德邦境）等国，并"偕其国人以珍宝奉表来朝"。以后又至占城（今越南中南部）、南巫里（今苏门答腊西）、速木都刺（今苏门答腊）等国，密切了元朝与海外诸国的关系，扩大了元朝在海外的影响。官至平章政事、集贤院使。仁宗念其屡使绝域，诏封吴国公。

杨庭璧，是元代出使海外的外交家中成绩最为显赫的一员。《元史·马八儿等国传》记载："（至元）十六年（1279）十二月，遣广东招讨司达鲁花赤杨庭璧招俱蓝（今印度西南端的奎隆）。十七年（1280）三月至其国。国主必纳的令其弟肯那却不剌木省书回回字降表，附庭璧以进，言来岁遣使入贡。"在杨庭璧等屡次出使俱蓝及南海诸国的影响下，到至元二十三年（1286），与中国建立航海贸易关系的，已有马八儿、须门那、僧急里、南巫里、马兰丹、那旺、丁呵儿、来来、急兰亦蝉瞳、速木都刺等 10 国。

元朝廷在遣使沟通西洋航路的同时，还派人加强同邻近国家真腊（今柬埔寨）和占城的海上联系。元贞二年（1296），周达观随使臣出使真腊，前后三年，谙悉其俗，返国后遂记其闻，撰成《真腊风土记》一书，约 8500 字。该书虽不长，但记载了柬埔寨 13 世纪末叶社会生活的情景，生动而翔实。

在周达观赴真腊 30 多年后，又有汪大渊两下西洋之举。在长期的远航活动中，汪大渊所到之处，凡"其目所及，皆为书记之"。据两次经历，撰成《岛夷志略》，记载他所到达之地有 200 余处，几乎包括现在的越南、柬埔寨、泰国、新加坡、马来西亚、印尼、菲律宾、缅甸、印度、斯里兰卡、马尔代夫、沙特阿拉伯、伊拉克、也门、索马里、坦桑尼亚、肯尼亚等国家的广大地区。[1]值得指出的是，汪大渊在当时仅为一介平民，其身世不见经传。他能够不畏艰险，独身附舶，远洋跋涉，遍游东西洋诸国，实难能可贵。而他所撰《岛夷志略》，内容宏富，分条细致，记载翔实，可补正史之缺，纠前人之偏，诚为中外海上交通之珍贵史料。这也正标志着元代海外交通的发展。元代中国船舶、商旅较之唐宋时期，更为频繁地进出与往返南海至东西洋之间，中国对西方国家的了解也大大进了一步，无怪乎元顺帝曾遣外国人为使赴欧，其诏书提到"咨尔西方日没处，七海之外……"[2]。

二、元代的海战与战船

元军在消灭金军之后，与宋军相持并频繁交战。宋军常以水军控扼江淮、江汉防线，阻遏元军南下。为了克服江河的屏障，元军不得不建立自己的水师。《元史·解诚传》记载，蒙古窝阔台汗十年（1238），其将领解诚，"善水战，从伐宋，设方略，夺敌船千计，以功授金符、水军万户，兼都水监使"。此盖为元代水军之始。

南宋根据其时的形势，采取了以汉中保巴蜀，以樊城、襄阳卫鄂州，以两淮卫长江的战略。宋宝祐四年（1256），时年 21 岁的文天祥中状

---

① 张铁牛，高晓星 . 中国古代海军史［M］. 北京：八一出版社，1993（1）：111.
② 姚楠，陈佳荣，丘进 . 七海扬帆［M］. 香港：中华书局，1990：158.

元，理宗皇帝"亲拔为第一"。《文山先生全集》记载，是年文天祥曾上书进言："元人未必不朝夕为趋浙之计，然而未能焉，短于舟，疏于水，惧吾有李宝在耳……夫东南之计，莫若舟师，我之胜兀术（金大将）于金山者以此，我之毙亮（金国主完颜亮）于采石者以此。"文天祥对元军的评价代表了当时朝野几乎一致的见解，唯忽略了元军吸取金人因水战失利招致溃灭的教训而迅速扩建水师的新动向。

《元史·兵志》记载，在元世祖忽必烈即位的中统元年（1260），即任命张荣实为水军万户兼领霸州，加上孟州、沧州及滨棣州海口、睢州等地诸水军将吏共1705人。还有先前的水军万户解诚统领的1760人，元水军已达3465人。更为重要的是，忽必烈在向南宋大举进攻时，采纳了宋降将刘整的"先事襄阳，浮汉入江"的进军策略。《元史·世祖纪》记载，至元七年（1270）三月，"阿术与刘整言：'围守襄阳，必当以教水军、造战舰为先务。'诏许之。教水军七万余人，造战舰五千艘"。至元十年（1273）三月，"刘整请教练水军五六万及于兴元（今陕西汉中市）金（金州，今陕西安康市西）、洋州（今陕西洋县）、汴梁等处造船二千艘，从之"。

对襄阳、樊城久攻未下。至元十年（1273）正月，元军用张弘范计，先切断襄阳、樊城间水上联络，接着调炮队并集中水陆兵力猛攻樊城。《元史·阿老瓦丁传》记有："相地势，置炮于城东南隅，重一百五十斤，机发，声震天地，所击无不摧陷，入地七尺。"樊城攻陷后，襄阳守将开城降元。次年九月，元军出襄阳沿汉江南下。十二月，伯颜率战舰数千艘克鄂（今湖北武汉）。至元十二年（1275）七月，阿术率战舰数千蔽江而下。宋廷重臣"贾似道迫于朝野压力，亲自督师，率诸路军十三万，号称百万，并战舰2500艘，迎击元军。两军在池州下的丁家洲遭遇，宋军未战而溃，丢弃战舰 2000 余艘，兵甲器杖无数"①。"镇江一战，南宋溃不成军。元水军乘胜出长江口。在长江口收编了渔民武装首领朱清、张瑄所部数千人，获海船 500 艘。然后，元军浮海南下，直捣临安。接着，又进攻闽粤"，"至元十六年（1279），元军以水军大举进攻南宋的最后基地崖山（今广东新会以南）。宋军战败，陆秀夫负宋帝赵昺投海自尽。至此，统治中国 300 多年的赵宋王朝灭亡"。②

元灭宋之战，得力于水师，短短三年间就造战船 7000 艘〔至元七年（1270）5000 艘，至元十年（1273）2000 艘〕。这是按宋降将刘整的奏请并由刘整督造的。还为用兵海外，从至元十一年（1274）到至元二十九（1292）年，共造海船 9900 艘。③此外，其间还命高丽建造了 1900 艘，这就是至元五年（1268）要高丽"当造舟一千艘，能涉大海可载四千石者"（《元史·高丽传》）。再有则是"（至元）十一年（1274）三月，命凤州经略使忻都、高丽军民总管洪茶丘，以千料舟、拔都鲁轻疾舟、汲水小舟各三百，共九百艘，载士卒一万五千，期以七月征日本"（《元史·日本传》）。总之海外用兵竟动用海船近 12000 艘。此项造船任务工程巨大，为造船要大举伐木。元人当时有诗感叹此情景："万木森森截尽时，青山无处不伤悲。斧斤若到耶溪上，留个长松啼子规。"

三、几次出师海外的失败

元世祖忽必烈野心勃勃，在国内战争尚未完全结束的情况下，就着手进行海上扩张的准备。为适应海上作战的需要，在福建建立了沿海水军万户府，招募水兵，练习海战。为征日本，在至元五年（1268），就曾诏谕

---

① 李培浩. 中国通史讲稿：中［M］. 北京：北京大学出版社，1983：193-194.

② 张铁牛，高晓星. 中国古代海军史［M］. 北京：八一出版社，1993：113-114，117.

③ 章巽. 中国航海科技史［M］. 北京：海洋出版社，1991：79.

高丽"当造舟一千艘，能涉大海可载四千石者"。两年后"于高丽设置屯田经略司"，又诏谕高丽"兵马、船舰、资粮，早宜措置"，甚至指责高丽"往年所言括兵造船至今未有成效"。（《元史·高丽传》）

至元十一年（1274）和至元十八年（1281），忽必烈两次发兵进攻日本。至元十九年（1282），从海上进攻占城。至元二十四年（1287），又从海上进攻安南（今越南北部）。至元二十九年（1292），跨海南征爪哇。这五次海上用兵，动用了大量兵力，官兵少则 5000 人，多则 14 万人；战船少则 500 艘，多则 3400 艘。但是，这几次渡海作战，都由于战争的非正义性，以及指挥失误、缺乏后援等原因而遭到重大损失，败师而归。从此，元水军便一蹶不振了。

1994—1995 年，日本在九州东北沿岸的鹰岛海边，发现和出土了当年元军遗留的多只木石结合碇。图 4-24 为调查区域若干只碇的分布状况。图 4-25 为其中第 3 号碇的实测图。

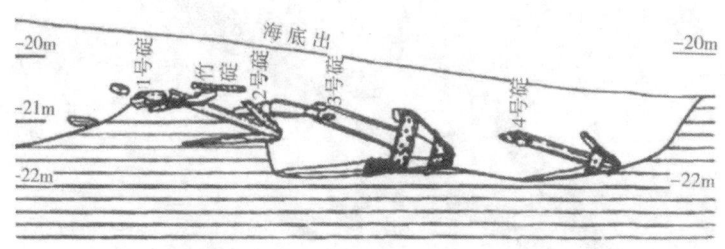

图4-24　调查区域若干只碇的分布状况

据此碇的实测图可知，该碇的碇爪长约 3.1 米，左右的碇石各长 1.2 米，碇杆长度约有 6.5 米。元军在日本鹰岛沉船的碇，有两只木爪。在碇杆中间部位有两只透孔，可穿透两只横木杆，用来绑扎两块石头在碇杆的左右。元军船碇的复原图如图 4-26。

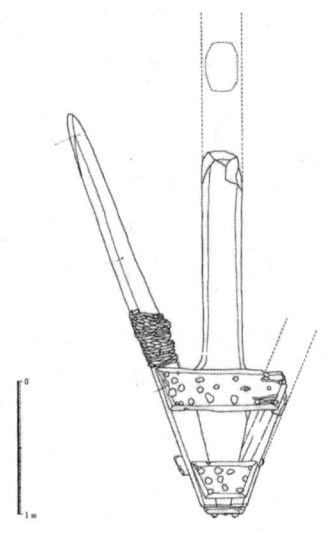

图4-25 第3号碇的实测图

图4-26 碇的复原图

当抛下碇到海中时，带有横碇石的横杆必向某一方向倾倒，当一只横碇杆倒下时必成不稳定态势，稍一旋转则必有一只锚爪会去抓海底泥土。当锚爪抓海底泥时则锚的抓力大增，可以较好地系泊船舶。

四、海上漕运与漕船

元代的海上漕运规模超越以往任何一个朝代。由最初的至元二十年（1283）的年运量 4 万余石，到天历二年（1329）最高年运量达 350 余万石，前后经历 47 年之久。元建都于大都（今北京），十分仰仗江南盛产的粮食，海上漕运正是每岁二运的经常而重要的运输任务。

《元史·食货·农桑》记有："太祖（成吉思汗）起朔方，其俗不待蚕而衣，不待耕而食，初无所事焉。世祖（忽必烈）即位之初，首诏天下，国以民为本，民以衣食为本，衣食以农桑为本。"《元史·食货·海运》记有："元都于燕，去江南极远，而百司庶府之繁，卫士编民之众，无不仰给于江南。自丞相伯颜献海运之言，而江南之粮分为春夏二运。盖至于京师者一岁多至三百万余石，民无挽输之劳，国有储蓄之富，岂非一代之良法欤。"

然而，早期为了要沟通北方政治中心和东南经济中心区域，元政府曾从事开通南北大运河，结果却未能完全满足需要，尤其是在粮运方面，不得不假道于海上。《大元海运记》记有："运浙西粮涉江入淮，由黄河逆水至中滦旱站，搬运至淇门之御河，接运赴都。次后创开济州泗河，自淮至新开河，由大清河至利津河入海接运。因海口沙壅，又从东阿旱站运至大清河至利津河及创开胶莱河道通海缆运。至元十九年（1282），太傅丞相伯颜见里河之缆运粮斛，前后劳费不赀而未见成效，追思至元十二年（1275）海中搬运亡宋库藏图籍物货之道，奏命江淮行省限六十日造平底海船六十只，听候调用。于是行省委上海总管罗璧、张瑄、朱清等依限打造。当年八月有旨，今海道运粮至扬州，罗璧等就用官船军人，仍令有司召雇梢碇水手，装载官粮四万六千余石，寻求海道。"

元代"海运"的主要创行者，就是张瑄和朱清。据《大元海运记》记载，海漕运粮数字逐年增加。例如 1283 年为 4.6 万石，1284 年猛增到

29 万石，1286 年为 57.8 万石，1290 年为 159.5 万石，1305 年为 184.3 万石，1310 年为 292.6 万石，1315 年为 243.5 万石，1320 年为 326.4 万石。到 1329 年达到 352.2 万石，这是最高额。所用平底海船数额，在延祐元年（1314）时，由浙西平江路刘家港（今江苏太仓浏河口）开洋者为 1653 艘，由浙东庆元路（今宁波）烈港开洋者为 147 艘，合计共 1800 艘。此期船舶的载量是小者二千余石，大者八九千石。

对于张瑄、朱清的海运业绩，有一些蒙古族官吏并不赞赏，也有的以朱、张为"南人"，屡有谗言。还有阿八赤等人言"广开新河"运粮，"然新河候潮以入，船多损坏，民亦苦之"（《元史·食货·海运》）。唯忽必烈始终重用张瑄和朱清。《大元海运记》记载，至元二十八年（1291）忽必烈"罢江淮漕运，完全用海道运粮"，更升迁张瑄为骠骑卫上将军、淮东道宣慰使兼领海道都漕运万户府事，朱清为骠骑卫上将军、江东道宣慰使兼领海道都漕运万户府事，中书省奏准合并设立海道都漕运万户府二处。

元代"海运"的航线，有过两次重大变化。最初的航线是从平江路刘家港出航，经海门（今江苏海门）附近的黄连沙头及其北的万里长滩，一直沿着海岸北航，靠着山东半岛的南岸向东北以达半岛的东端成山角，由成山转而西行，到渤海湾西头进入界河（即今海河口），沿河可达杨村码头（今天津武清区），便是终点。这一航线因离岸太近，浅沙甚多，航行不便，时间要长达几个月之久，且多危险。

至元二十九年（1292），朱清等决心"踏开生路"，粮船出长江口以后便离开海岸，如得西南顺风，一昼夜行 1000 多里到青水洋，过此后再借东南风四日便可到成山角，转过成山角，仍按原航线航抵渤海湾西头的界河。这一航线离开了多浅沙的近海，还利用了西太平洋自南向北的黑潮暖流，航行时间大为缩短。

至元三十年（1293），千户殷明略又开新线。从刘家港出发，由长江口出海后即直接向东进入黑水洋，再直奔成山角，再转向西由渤海南部以达界河口。风向顺利时只要10天左右便可航行完全程。从3年间航线的两次变化（图4-27），便可看出元代海运的开拓者们勇敢的探索精神。

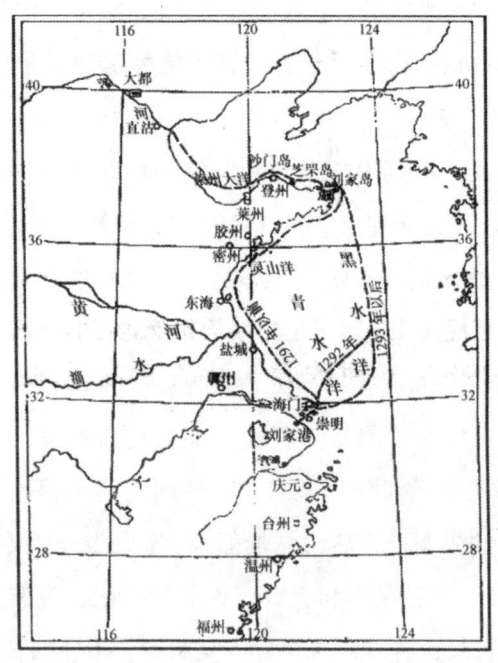

图4-27　元代海上漕运主要航路图（采自商务印书馆1986年版《我国古代的海上交通》）

海运漕船主要有遮洋船和钻风船两种类型，钻风船可载货四百余石，遮洋船可载货八百石或一千石。遮洋船行驶万里长滩、黑水洋及山东半岛北面的沙门岛（今长岛县）航道，风险不大，建造费用仅及出使日本海船的十分之一，尺度比运河漕船略大，但舵杆必用铁梨木制，坚固可靠。《古今图书集成》记载："凡海舟，元朝与国初运米者，曰遮洋船，次者曰钻风船。"《水运技术词典》"遮洋船"条记有："遮洋船容载一千石，船体扁浅，平底平头，全长八丈二尺，宽一丈五尺，深四尺八寸，共十六舱。其长宽比5.4弱，宽深比3.1强。设双桅，四橹，铁锚二。舵杆用铁力木，有吊舵绳，使舵可升降。"①延祐以来，海运船已航驶在离岸深水航道上，船舶体型和载量均增大，小者二千余石，大者八九千石。"当时以海关石计算，海关石等于154.5千克，说明延祐以来大小海船容量已是从300吨到1390吨了。"②

元代的运河漕船船体窄长，长宽比为7.6，载重量限为150—200料，约为12吨。这种标准船型的产生，与京杭大运河的航道管理有关。元代从至元十七年（1280）开始便致力于开凿京杭运河。到至元二十八年（1291）才全部完工，其中从东平到临清一段叫会通河，是全程中的最高程，水源不足，河道浅窄，只准150料漕船通行。到了延祐初年，有些"权势之人并富商大贾，贪嗜货利，造三四百料船或五百料船，于此河行驾，以致阻碍官民舟楫"，于是影响河道畅通。为此都水监差官在这段会通河的南端沽头和北端临清两处建设闸门，闸口仅宽九尺，称作"隘闸"，只有船宽八尺五寸的二百料船才能通过。超过这个宽度的船，受隘闸所限，便不能在运河全程通航。一些航商为了提高单船载货量，便在八尺五寸宽度的限制下，尽力增加船长。《元史·河渠志》记有，泰定四年（1327）以后，"愚民嗜利无厌，为隘闸所限，改造减舷添舱长船至八九十尺，甚至百尺，皆五六百料，入至闸内，不能回转，动辄浅搁，阻碍余舟，盖缘隘闸之法，不能限其长短"。因之河道拥塞问题仍未解决。经过访问造船工匠，得知二百料船，宽若限为八尺五寸时，船长应该是六丈五尺。其后又在隘闸旁再立中间距离为六丈五尺的两块石标，叫做"石则"，船过闸时先要量长短，超过石则者不准入隘闸，即所谓"有长者罪遣退之"。

① 水运技术词典编辑委员会.遮洋船条水运技术词典［M］.北京：人民交通出版社，1980：25.

② 吴葳兰.元代的船舶事业［C］//中国造船工程学会.中国造船工程学会成立四十周年论文集Ⅲ.1983：7.

第四节　元代海船的发掘与研究

虽然关于元代船舶的文献并不缺乏，但关于元代海船的微观描述和较为准确的图样，仍很难觅获。因此，对于在考古发掘中获得的元代海船，确有重大学术价值。从中可得悉中国古代船舶在设计、构造以及施工中的许多精湛之处。

1976—1984 年，在韩国全罗南道光州市木浦新安郡海底打捞到的所谓"新安船"，经研究确认正是中国元代航海货船。

一、韩国新安海中国元代航海货船的发掘与研究

1. 新安船的发现、发掘及展出

1976 年，在韩国全罗南道光州市的西部新安郡道德岛海面作业的渔船，起网时发现几件中国瓷器。以此为开端，韩国政府直接参与，由文化公报部所属的文物管理局组成调查团，由海军派潜水员协助，于 1976 年 11 月进行试发掘，查明确有木质船体遗存，沉船位置在北纬 35°1' 15"，东经 126°5' 6"。随着发掘的深入，沉船的平面轮廓大致出现：残长约 28 米，宽 6.8 米，埋在水深 20 米的海底，船身向右倾斜约 15 度，船体由 7 个舱壁分隔成 8 个舱，上半部已经腐朽，埋在海泥里的部分船舱免于损坏，尚可辨认出原本的形状。沉船残骸拼装后如图 4-28 所示。

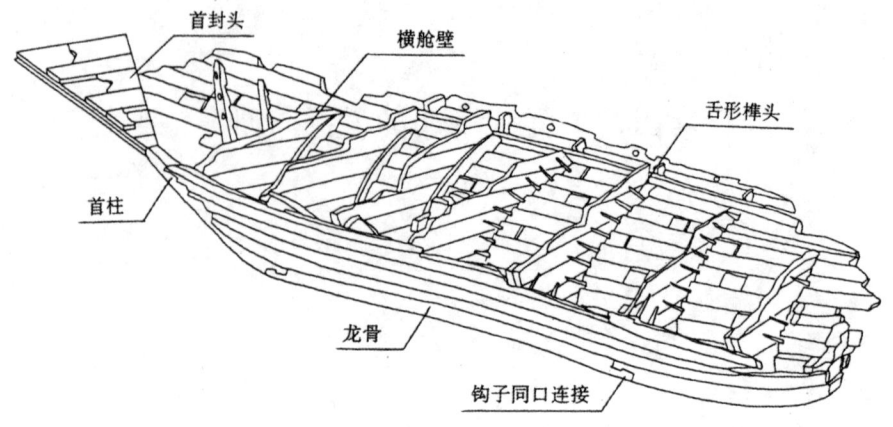

图4-28　元代新安沉船残骸

在1976—1984年的9年间，发掘打捞工作持续进行了10次，在1984年和1987年还有两次复查性打捞。所获文物异常丰富，见表4-3。

表4-3　新安海底打捞文物一览表

次别	时间	种类别（件）								计（件）
		青瓷	白瓷	黑釉	杂釉	白浊釉	金属	石材	其他	
第1次	1976.10.26-11.2	52	20	2	23				15	112
第2次	1976.11.9-12.1	1201	421	54	9	18	12		169	1884
第3次	1977.6.27-7.31	1900	1866	56	604	74	264	4	138	4906
第4次	1978.6.15-8.15	2787	1289	96	623	63	86	11	91	5046
第5次	1979.6.1-7.20	76	21	29	101		6			233
第6次	1980.6.5-8.4	1112	200	30	66	2	31	2	18	1461
第7次	1981.6.23-8.22	1528	668	63	143	17	105	5	35	2564

（续表）

次别	时间	种类别（件）								计（件）
		青瓷	白瓷	黑釉	杂釉	白浊釉	金属	石材	其他	
第8次	1982.5.5–9.30	983	328	41	220	6	109	9	45	1741
第9次	1983.5.29–11.25	1013	307	61	467	3	102	6	47	2006
第10次	1984.6.1–8.17	1669	178	72	48	4	14	6	16	2007
复查	1984.9.13–10.12	38	5	2	1	1				47
复查	1987.4.15–5.14	18	8	3	1			2	1	33
计（件）		12377	5311	509	2306	188	729	45	575	22040

　　所获文物中陶瓷器 20691 件，除仅有几件高丽青瓷和日本陶瓷之外，绝大多数是中国宋元时代的制品，其中有不少精品。如表所述，尚有金属遗物 729 件，石材 45 件。此外尚有每件长 1—2 米的紫檀木 1017 件，还有船员日常用品 1346 件。值得重视的是，还有铜钱 28 吨又 19.6 千克，铜钱是用吸引软管打捞起的。这些铜钱都是中国铸造的，包括唐、北宋、南宋、辽、金、西夏、元等各代的产品。

　　对新安沉船和相关文物的打捞，受到国际学术界的重视。1977 年在汉城（今韩国首尔），1983 年在日本，先后召开了两次"新安海底文物国际学术讨论会"。1991 年 12 月，在中国上海召开的"世界帆船史国际学术讨论会"上，韩国学者发表了关于新安海底沉船的学术报告。

　　1994 年 12 月，韩国光州市木浦海滨建立国立海事博物馆，陈列新安船（图 4–29）及另一艘小型古船及相关文物。

　　2. 新安沉船的年代

　　所发掘的元代铜钱中有"至大通宝"，这是元武宗至大三年（1310）铸造的。所以，1310 年当为沉船年代的上限。韩国尹武炳教授曾以未曾

图4-29　韩国国立海事博物馆（木浦）展出的新安船

发现青花瓷为依据，断定沉船的下限时间。据东洋陶瓷史的研究成果，青花瓷的制作始于元，一般认为是1330年。当然，以此为据并不是很严格的。关于沉船年代的下限，有人以明初实行海禁为据，定在元代末年。也有学者以方国珍起义队伍劫夺海运为据，引《元史·顺帝纪》：至正十二年"是岁海运不通"，把下限定在至正十二年，即1352年。

在打捞到的瓷器中，发现一件龙泉窑的青瓷盘，在底面阴刻有"使司帅府公用"六字[①]，可作为判断沉船年代的重要依据。"使司帅府"当为"宣慰使司都元帅府"的简称。据《续资治通鉴》记载，于大德六年（1302）十月甲子，元朝将浙东道宣慰使改为"宣慰使司都元帅府"，此青瓷盘应为该府成立以后烧制的。

---

① 李德金，蒋忠义，关甲堃. 朝鲜新安海底沉船中的中国瓷器［J］. 考古学报，1979（2）.

在 1982 年打捞的表明货主的木签中，发现有两个墨书至治三年（1323）木签，这应看作是解决沉船年代问题的重要依据。这一年代与前述各种推断是可以统一起来的。

3. 新安沉船的目的港与始发港

弄清楚新安沉船的目的港与始发港对了解船舶是必要的。

新安沉船的目的港是哪个国家，可以从船上运载的大量中国元瓷和中国铜钱找到答案。

大量的中国铜钱是运往日本的，这在两国的古文献中都能找到依据。虽然元政府曾有两次派兵征讨日本，但据日本历史记载，元代日本赴中国的贸易船从未间断，而且"发现日元之间的交通意外频繁"[1]。《元史·日本传》则记有："（至元）十四年（1277），日本遣商人持金来易铜钱，许之。"日本古文献《和语连珠集》则载有："上古本邦无铜，以异邦输入之铜铸造。"由之可见，日本输入铜和铜钱由来已久。

关于中国元瓷，韩国尹武炳教授和韩国中央博物馆崔淳雨馆长都一致指出：13、14 世纪时的高丽是生产青瓷的主要国家之一，它没有必要输入元代中国瓷器。从考古学的角度看，韩国出土的中国瓷器以北宋时期的居多，元代的几乎见不到。当时的日本倒是中国瓷器的主要进口国。

鉴于瓷器中有 3 件高丽青瓷，于是有韩国可能是中途港的议论。中国陶瓷专家、故宫博物院研究员冯先铭则认为，3 件高丽青瓷是在中国装船的。因为宋时的高丽青瓷和中国定窑白瓷都堪称天下名品，当时也有很多高丽青瓷流入中国。冯先铭认为：在 20 世纪 50 年代以后，从安徽、浙江和北京的古墓中曾出土过高丽青瓷，安徽出土的康津窑龙纹罐，其特征与在新安海底打捞到的完全相同。尹武炳的论文证实：3 件高丽青瓷是从压

---

① ［日］木宫泰彦.日中文化交流史［M］.胡锡年，译.北京：商务印书馆，1980：389.

在 3 个木箱下边的另一个木箱中发现的，这就排除了在韩国装 3 件高丽青瓷的可能性。他也同意这样一种论断：当时，中、日、韩三国利用中国海形成了一个海上贸易圈，各国商品在流通中将在库品进行再输出的可能性是存在的。

新安船的始发港是何处呢？比较集中的意见是浙江的明州和福建的福州。

明州是中国著名港口，唐宋以来就是通向高丽和日本的主要港口之一，在新安船上发现一个镌有"庆元路"铭文的秤砣，反映了该船与明州的密切关系。

图4-30　镌有"庆元路"铭文的秤砣

另一种意见是从诸多瓷器的窑址去考察和分析。龙泉青瓷，其窑址包括浙江南部瓯江沿岸的龙泉、丽水、遂昌、云和及永嘉。宋时青瓷的重要产地逐渐从瓯江下游移到上游。龙泉青瓷能方便地沿着松溪运到福建的福州，然后再由商船运往国外市场。从新安沉船打捞到的瓷器，其窑址除设在浙江南部的以外，就是在江西和福建的北部。闽北的窑址分布在今沿松溪的松政，沿南浦溪的浦城，沿崇溪的崇安、建阳，沿建溪的建瓯、南平，沿富屯溪的光泽、邵武和顺昌。诸窑址的瓷器产品都可以沿闽江方便地运到福州。中国台湾学者陈庆光持这种见解，他指出：元代的税局就设在泉州，商船为了逃税，往往从福州开航。新安沉船中没有发现位于泉州附近同安窑的瓷器。根据这一情况，新安沉船的始发港当是福州。

从下面讨论的船型特征看，笔者认为：新安沉船是中国著名船型之一的福船，它的基地港主要是泉州和福州，说该船是由福州开出的更为合理。

4. 新安沉船的船型特征及建造地点

新安沉船的船型特征和建造地点，一直引起学术界的讨论。随着发掘工作的进展，几乎所有的学者都认为这是建造于中国的海洋货船。在1977年汉城"新安海底文物国际学术讨论会"上，担任新安海底遗物调查团团长的忠南大学博物馆馆长尹武炳教授著文指出："造船专家、首尔大学工学院教授金在瑾认为有可能是中国人建造的船舶，特别是舱壁构造特征更显出是中国形式。"但其在同一文章中也指出："没有任何东西可以确切地说明其国籍问题。"

首尔大学金在瑾教授作为船舶学术权威曾参与新安沉船的发掘与研究，在1980年9月的《新安海底文物发掘调查报告书》中曾给出初步复原图。他给出的复原尺度是：总长约30米，最大宽度约9.4米，型深约3.7米，水线长由侧面图可以看出约为26.5米，长宽比约为2.8，宽深比约为2.54。金在瑾认为："本船属高丽船的可能性甚小，更非日本船。以构造的方式也可几乎确认为中国船。"但是他也认为："这类构造的方式是非常特殊的，是东西方古船中至今尚未见到过的。"

在1982年开始在海底肢解古船残骸之前，曾用泵吸出船体内的铜钱。在打捞铜钱时发现若干表明货主的木签。木签多数长约10厘米，宽

2.5厘米，厚0.5厘米。木签表面墨书有货主的姓名。判读这些姓名时不仅发现确有日本人的姓名，而且有（日本）"东福寺"这样的寺名。这是否意味着沉船有可能是日本船呢？参加1983年在日本召开的国际学术讨论会的中国陶瓷专家冯先铭，从其直感出发，认为船无疑是中国的。但在与会过程中他发现有的日本学者疑为日本船，虽然他们并没有发表有关论文。1984年1月3日，中国太平洋历史学会在北京人民大会堂召开了成立大会，笔者躬逢其盛。承学会相约和冯先铭研究员提供1983年国际会议的有关文献，笔者乃以《朝鲜新安海底沉船的国籍与航路》一文向学术界求教。拙文确信新安沉船是中国建造的福船船型并陈述论据。

如今，韩国文化公报部文化财管理局已有正式发掘报告《新安海底遗物》（朝鲜文）相继于1981年、1984年、1985年、1988年分篇发表，我们还见到了日本船史专家多田纳久义博士于1990年对韩国木浦海底遗物保存馆（现今木浦国立海事博物馆前身）的访问记和韩国学者李昶根、李昌忆的学术论文。在1991年（上海）世界帆船史国际讨论会上还看了新安沉船发掘录像。这些资料和研究成果支持了笔者《朝鲜新安海底沉船的国籍与航路》论文的观点。笔者的另一篇文章《对韩国新安海底沉船的研究》，更以八点论据，确信新安海底沉船为建造于中国福建的福船船型。人们从船型的这些特点入手，更能了解该船的概貌及其技术成就。

（1）新安沉船的主尺度比值与泉州宋船十分相近。

将各家对两船主尺度比值的研究成果列于表4-4。

由此不难看出，两船的L/B和B/D是十分相近的。

（2）新安沉船与泉州宋船的型线相似。

李昌忆给出的新安沉船横剖型线图如图4-31所示，与图4-8反映的泉州宋船横剖型线图十分相似。

表4-4　新安沉船与泉州宋船主要尺度比值的对比

船舶	水线长L（米）	宽B（米）	深D（米）	L/B	B/D	作者或文献
新安沉船	26.5	9.4	3.7	2.82	2.54	［韩］金在瑾（1980）
	27.5	10.5	4	2.62	2.63	［韩］李昌忆（1991）
泉州宋船	25.5	11	4.21	2.32	2.61	《泉州湾宋代海船的发掘与研究》（1987）
	26	10.5	4.15	2.48	2.53	《海交史研究》（1982）
	26.5	10.5	5	2.52	2.1	《中国造船》（1979）

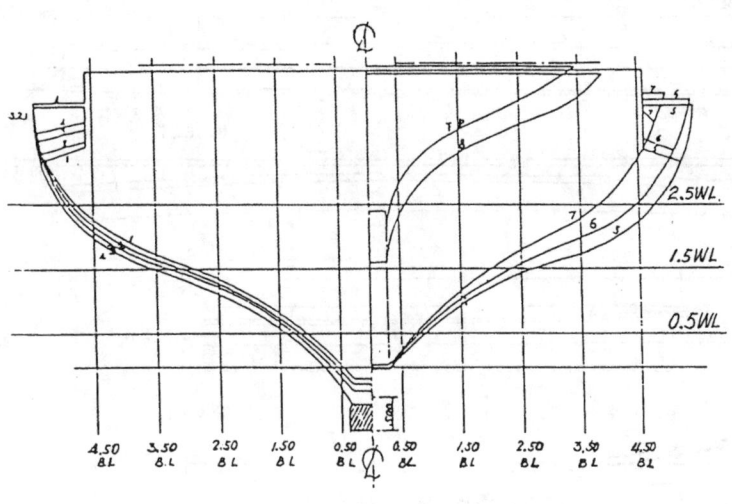

图4-31　新安沉船的横剖型线图

李昌忆在论文中特别提到："古代船舶的船首结构一般有两种：一种是方形首，另一种是尖形首。"这当然是对的。笔者认为：中国的沙船，属方形首，这是与平底相配合的。与沙船相比，新安船虽有个小方头，但仍属尖头船。图4-8所示泉州宋船属典型的尖底尖头的福船，其首端仍有一个小

方头。就船首形状看，新安沉船与泉州宋船也十分相似。以为新安沉船系方形船首，可能是对中国的沙船和福船的首部形状的原则区别不甚了解。

（3）龙骨的构造、连接和线型具有福船的特色。

新安沉船具有截面为 700 毫米 × 500 毫米的龙骨。龙骨分中段（主龙骨）、尾段（尾龙骨）和首部（即首柱），计长 24.6 米（图 4-32）。

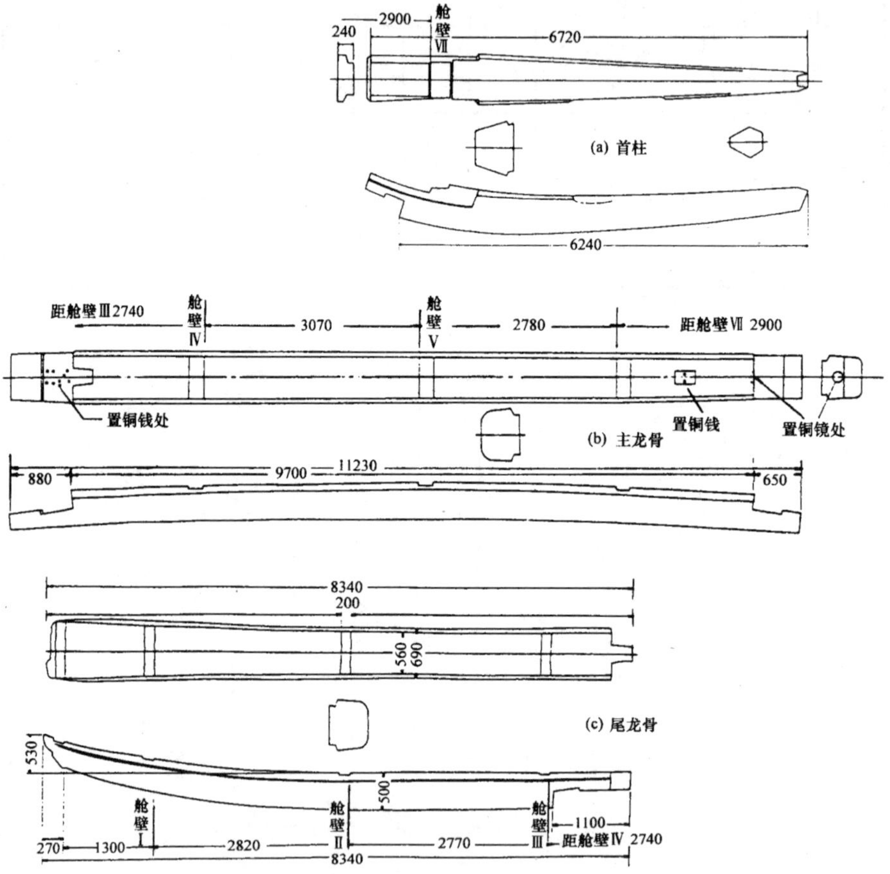

图4-32　新安沉船的首柱及主龙骨、尾龙骨

新安沉船的龙骨呈曲线形，且有 0.54 米的挠度。这种曲线形龙骨也正是福建船的一种传统。航行在福州、连江、平潭、晋江沿海和浙江一带的丹阳船（俗称担仔船），就正是具有呈曲线的龙骨。此种船型在 20 世纪

60 年代还有 450 艘之多。《福建省木帆船船型汇编》收录了龙骨呈曲线形的丹阳船的型线图、结构图和帆装总布置图以及技术数据等。两相对比，两种船型的龙骨线型相似。据认为，龙骨呈拱起的曲线，当船舶呈中垂状态时具有较好的强度。

此外，在下一章中即将论述的蓬莱明代战船，其龙骨也呈曲线形，只是其挠度缺少实测数据。

（4）在龙骨嵌接处置入铜镜和铜钱实为福建民俗。

日本船史学者在对木浦的新安海船保存馆的访问记中，记录了在中段主龙骨与首、尾两段龙骨的嵌接处置有铜镜和铜钱的事实，并绘出置入铜镜、铜钱的位置图。在中段主龙骨首垂直端面内有一枚直径为 117 毫米、厚 2 毫米的铜镜。在中段龙骨尾嵌接部位的水平面上有直径为 24 毫米的铜钱 7 枚，另外在中段龙骨前部的水平面上还有 2 枚铜钱。这一事实与 1974 年在中国福建省泉州湾发掘的宋代海船有惊人的一致性。泉州宋船在龙骨接头部位挖有"保寿孔"并置入铜镜和 7 枚铜钱。据称这是"七星伴月"的象征，是福建造船业的一种传统民俗①。在新安沉船的龙骨中发现置有铜镜和铜钱，使人们相信，这一艘古船不仅是中国船，而且是在福建境内建造的。

（5）隔舱壁、舱壁肋骨的构造与装配。

如图 4-28 所示，新安沉船设有 7 道舱壁，将船体分隔成 8 个舱。与许多欧洲古船广设横向肋骨以增强横向强度的模式不同，中国古船是以多数横舱壁来保证横向强度和船舶总体刚性的。李昌忆对"中国古船这一特点"的分析是正确的，但是对新安沉船舱壁以及中国古船舱壁的分析稍欠精当。

从图 4-28 及新安沉船其他各舱壁的结构图中，都可以清楚地看到，舱

---

① 泉州湾宋代海船发掘报告编写组．泉州湾宋代海船发掘简报［J］.文物，1975（10）：3.

壁与外板的交接处，设有肋骨，称之为舱壁周边肋骨。以船舶中部最宽处为基准，中部以前的舱壁其肋骨设在舱壁板之后，对中部以后的舱壁其肋骨设在舱壁板之前。这种装配模式可以保证舱壁不至于向前或向后移位，从而极有利于船舶总体刚性。当木船向钢船过渡时，钢质舱壁板与底部、舷部外板以及甲板交接处，均用角钢加以铆接，此角钢称为周边角钢。此种周边角钢与舱壁板的相对位置，与中国古代木船舱壁肋骨的装配模式完全相同。许多船史研究者都相信，铆接钢船的舱壁及其与周边角钢的装配，是从中国古代木船的优秀传统借鉴来的。应当指出，新安沉船的舱壁及其周边肋骨的装配模式，与图 4-7 所反映的泉州宋船的模式完全相同。

新安沉船的每个舱壁的最低点附近都有一个方孔，这是流水孔，是作为洗舱时排除积水用的，只要用木塞堵上就可保证舱壁完全水密，因此不存在"横舱壁不是完全水密"的问题。综合已发现的几艘中国古船，可以说每艘船的水密舱壁上都有此类流水孔。所以，新安沉船舱壁的流水孔，绝对不会构成"对李约瑟关于中国古船通常有若干水密舱壁学说的强烈挑战"。

图 4-33 表现了新安沉船的船中剖面结构，该图采自李昌忆的论文。从中可以看到舱壁板的横向板列相互间开有凹凸槽，这可避免舱壁板列的相对错位，从而增加舱壁的整体刚性。迄今为止，在已发掘的宋代船舶中尚未见有此种较为先进的结构。元代新安沉船和下一章将会讲到的蓬莱古船，其舱壁板列都是取凹凸槽对接，这似乎应当被看作是中国船舶的进步和进化过程。

（6）鱼鳞接搭式外板与舌形榫头连接。

新安沉船的外板是鱼鳞式构造并用舌形榫头与舱壁连接的，如图 4-33 所示。这一特殊的构造使参与研究的韩、日学者备感惊奇："这类构造的方式是非常特殊的，是东西方古船至今尚未见到的……这种鱼鳞式构造在东方是迄今未采用过的。"

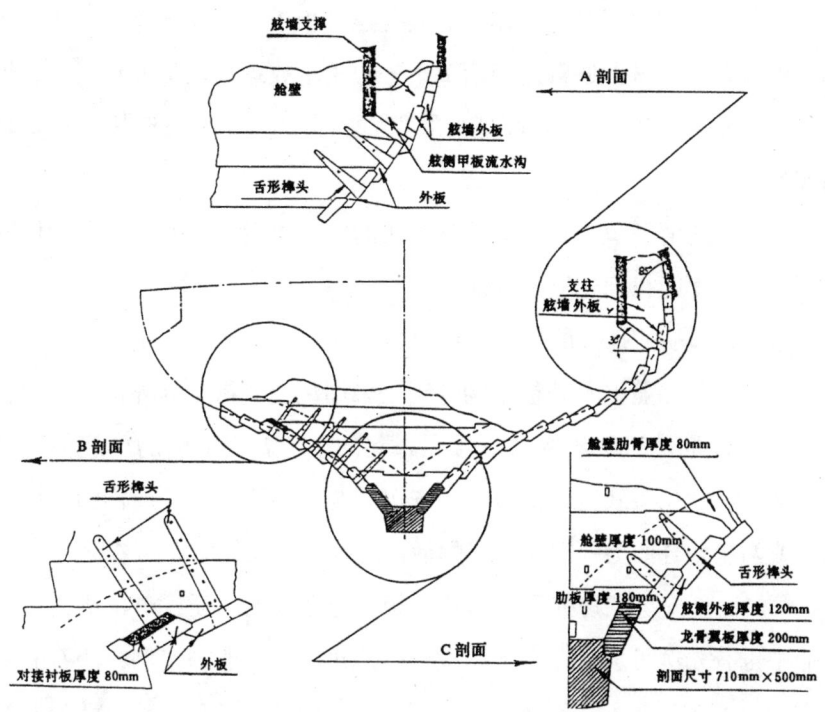

图4-33　新安沉船船中剖面结构

　　这种使外国学者感到惊奇的构造可概括为两点：其一，外板板列相互逐一叠压呈鱼鳞状；其二，每一列外板均采用一只洞穿外板的舌形榫头（长400—800毫米）钉在舱壁上，而且与舱壁周边肋骨不在同一壁面上。如图4-28所示，自尾起第1到第4这4个舱壁上，诸舌形榫头都钉在舱壁之后的壁面上，所以看得清楚。按前述舱壁周边肋骨的装配规则，这4个舱壁的舱壁周边肋骨都装在前壁面上。在图4-28中还可以看到第5到第7这3个舱壁的后壁面上都有舱壁周边肋骨，显然诸舌形榫头都装在前壁面上了，所以一个都看不到。

　　为了正确表达构件的真实作用，这里采用舌形榫头一词取代原文献中的舱壁扶强材。笔者认为，垂直于外板的舌形榫头，虽然对舱壁也会有

"扶强"的作用，但其主要作用仍是钉连外板于舱壁。况且，现代钢质船舶上的舱壁扶强材，通常是用诸多不等边角钢或球角钢从上到下垂直焊接在舱壁上的。区区400—800毫米的木质榫头，名之为舱壁扶强材是名不副实的。

我们在厘清了鱼鳞式外板及其连接的实质之后，会发现，这种构造在中国古船中都能找到相应的例证。

第一，鱼鳞式搭接的外板，在中国古船中也不是没用过。图4-7-C所示的泉州宋船的舱壁及外板结构，正是采用鱼鳞式搭接的外板。当然，泉州宋船的外板是三层或两层重叠在一起的，与新安沉船的单层板不尽相同。然而，就鱼鳞式构造而言，新安沉船与泉州宋船则是同样的。如果将三层或两层均合而为一视作单层的话，两者几乎无任何大的差别。

第二，新安沉船所使用的钉连外板于舱壁上的木质舌形榫头，在中国古船中也有先例可援。在本书本章曾引用泉州法石船的实例，法石船所用的木钩钉即舌形榫头（图4-17）。该舌形榫头长约75厘米，钉头横剖面呈6厘米×6厘米的方形，钉尖横剖面则呈2厘米×3厘米的矩形，其安装方法是："先在底部外板贴近舱壁板前壁面交界处凿通一个6厘米×6厘米的方孔，然后将木钩钉由底部板外板垂直打进方孔，使它的内侧面紧挨舱壁板的前侧面，再用铁钉把它与隔舱板钉合。"[1]

在泉州湾宋代海船上，也有与新安沉船舌形榫头在用途、构造、使用部位及施工工艺方面均堪称一致的"扁形铁锔板"，或称锔钉（图4-16）。所不同的只是榫头是木质的，而锔钉是铁的。两者孰先孰后当可探讨。但是，"因为铁器较之木器使用在后，技术上铁锔更为先进，所以可初步得出结论：铁锔是对木钩钉的模仿、改进和发展"[2]。

① 中国科学院自然科学史研究所等联合试掘组.泉州法石船试掘简报和初步探讨[J].自然科学史研究，1983（3）：167.

② 徐英范.挂锔连接工艺及其起源考[J].船史研究，1985（1）：69.

综上所述，新安沉船的鱼鳞式外板结构及用舌形榫头钉连外板的技术，尽管有些个别的特点，但均为中国的传统技术，在中国已出土的古船中，均能找到相应的实物例证，并不"特殊"。

（7）前桅座与主桅座结构。

新安沉船在第 7 号、第 4 号舱壁之前，分别设有前桅与主桅座，此点与中国已出土的诸多古船基本一致。日本学者多田纳久义在其访问记中，指出第 7 号舱壁（即最前一个舱壁）略向前倾斜，他认为前桅一定也是与舱壁一样以同一角度向前倾，这当然是正确的。在中国已发现的古船中尚未见前桅后的舱壁向前倾者。不过近现代的帆船其前桅后的舱壁都是与桅具同一的前倾角。此点在福建省交通厅于 1960 年主编的《福建省木帆船船型汇编》一书中的各幅船图中都能看到。因此可以说新安沉船的第 7 号舱壁向前倾是一种技术进步。

多田以发现两只桅座为据，以为新安沉船可能有两根桅，韩国的学者也存在相同的学术见解。然而，根据中国的技术传统，尾桅通常是小型的，目的在于助舵。此小型尾桅不必生根于舱底，所以无桅座。此点在《福建省木帆船船型汇编》的诸多船图中可以看得清楚。据此，新安沉船或者可能是具有三桅三帆。

（8）液舱的设置。

新安沉船在第 4 号、第 5 号舱壁之间的左右两舷，设有约 5.5 立方米的木制液体舱柜，如图 4-34 所示。在已出土的我国古船中，液体舱柜这还是首例。此液体舱柜有助于加深对古船设计的了解，是对中国古文献的极有力的解说。

提到设液体舱柜问题，人们当会注意到北宋宣和年间徐兢出使高丽时的著作《宣和奉使高丽图经》，书中写道："海水味剧咸，苦不可口。凡舟船将过洋，必设水柜，广蓄甘泉，以备食饮。盖洋中不甚忧风，而以水之有无为生死耳。华人自西绝洋而来，既已累日，（高）丽人料其甘泉

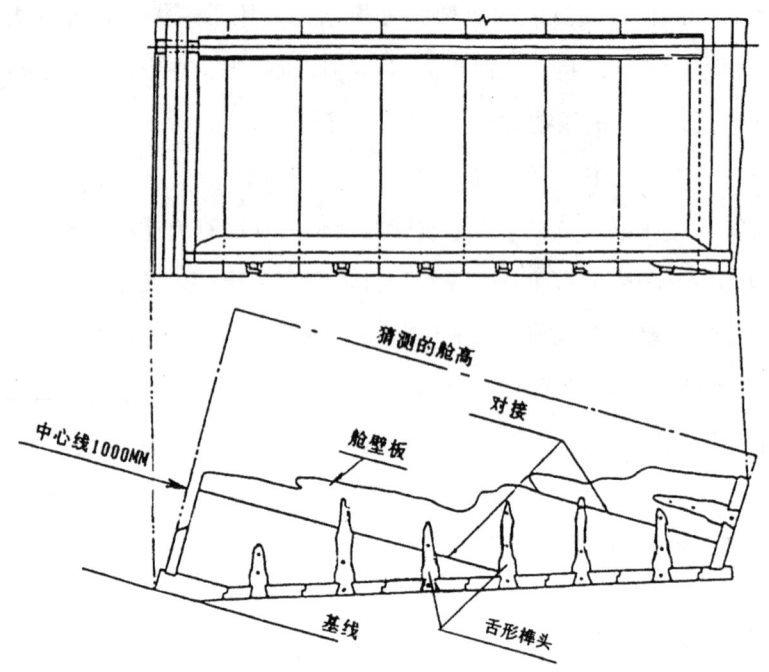

图4-34　新安沉船液体舱柜的构造

必尽，故以大瓮载水，鼓舟来迎，各以茶米酬之。"对中国船的壮观与完善，曾使高丽人惊叹不已，并有"倾国耸观而欢呼嘉叹"的盛况。在该书的"客舟"条中还特别提到水柜是设在舱底的："其中分为三处，前一仓，不安艎板（舱底铺板），唯于底安灶与水柜，正当两桅之间也。"

图4-34虽提供了研究水柜的实物资料，但对如何装水，日常又如何提取生活用水，尚未见报道。一种合理的安排是，在水柜顶部应有圆形开口，盛水后可用木盖塞紧，或者制成带颈的开口，可用牲畜的膀胱（制成品）绑紧以封口。总之，即使船舶在摇晃时水也不至于溢出。

综合上述8点，可以证明，在韩国全罗南道新安郡海底发掘的古船，无疑是在福建建造的中国船。新安沉船以其精彩的实例，丰富了中国造船技术史的内涵。

5. 关于新安沉船的复原

（1）舷部构造及其顶边水舱。

根据图 4-33 所示的新安沉船中剖面结构，其中 A 剖面反映了舷部结构，实际上这是船舷顶边水舱。这在迄今出土的中国古船中，还是绝无仅有的。新安沉船的出现十分宝贵而重要。

笔者在 2006 年和 2008 年两次访问韩国木浦海事博物馆时，发现展出中的新安沉船在舷部"顶边水舱"部位，其舷部外板上有上下成对的圆孔，直径约 300 毫米。在韩国木浦海事博物馆于 2004 年出版的该馆《常设展示图录》中，有该船的顶边水舱构造和外板展开图（图 4-35），图上表示了两对半共 5 个圆孔。

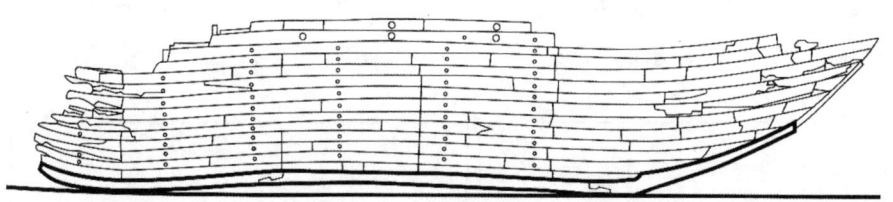

图4-35　新安沉船外板展开图的顶边水舱部位有上下成对的圆孔

问题是这顶边水舱是装淡水的吗？当然不是。因为当装满货物后取水不方便。在舷外虽然有开口，也不便于取水。现代散装货船广设顶边水舱，用来装压载水。元代的货船则不是，因为那时没有水泵，不能泵压载水。

这在舷外开有上下成对开口的顶边水舱，究竟是做什么用的呢？从上下成对的圆孔分析，当船舶呈大倾角摇摆时，下边的孔可以进水，上边的孔可以排除空气，直到顶边水舱被海水充满。当船舶向另一舷摇摆时，则被充满海水的一舷顶边水舱就有减缓摇摆的阻尼作用。如果此说成立，则新安沉船就是设置了现代船舶经常使用的被动式减摇水舱。

苏联学者 C.H. 勃拉哥维新斯基在其著作《船舶摇摆》一书中写道："适当选取水舱内水面的面积和舷侧开口的面积间的比值，可以使得水舱

内水重量所产生的力矩来稳定船舶的摇摆。"

据《船舶摇摆》介绍，早在20世纪初，俄国科学家布勃诺夫就曾研究过这种水舱工作的情况。稍晚，德国人霍特也有过此类水舱的建议。据吴秀恒教授的《船舶操纵性与耐波性》所论："被动式减摇水舱在上个世纪（20世纪）60年代在我国现代的船舶上也装设过，也有较好的效果。"

比较起来，新安沉船的顶边减摇水舱出现在14世纪，比苏联《船舶摇摆》一书的记载要早大约600年。

（2）桅、帆装及总体形象。

多田纳久义、李昌忆都以发现两个桅座为据，认为新安沉船为两桅帆船。韩国木浦海洋遗物保存处理所的崔光南，曾在《刻在进行复原的中国宝物船》一文中绘有新安沉船复原图（图4-36），以其建造风格而论颇与当年的遣唐使船相类似。

图4-36　韩国文物管理局于1986年拟议的新安沉船复原设想图（崔光南提供）

（3）新安沉船复原后的实船建成。

韩国文化电视台曾组织对新安沉船进行复原与重建。鉴于该古船最有可能是由福建建造的福船船型，遂决定由福建省渔轮修造厂进行复原制造（图4-37）。据《船史研究》报道，仿新安沉船的主要尺度是："总长31米，最大宽度9米，型深2.7米，吃水1.9米。设3桅：主桅总长21米，主帆面积11米×6.5米；首桅总长17米，首帆面积9米×6米；后桅总长10米，后桅不挂帆，帆采用竹席。"①

图4-37　由韩国学者复原设计、福建省渔轮修造厂建造的仿新安沉船

---

① 船史研究会.记韩国MBC电视台三次访问船史研究会［J］.船史研究，1997（11–12）：300.

第五章 明代海上交通繁盛与船舶

第一节　郑和七下西洋与宝船队

《明史·郑和传》记有："成祖疑惠帝亡海外，欲踪迹之；且欲耀兵异域，示中国富强。永乐三年（1405）六月，命和及其侪王景弘等通使西洋，将士卒二万七千八百余人，多赍金币，以次遍历诸番国，造大舶，修四十四丈、广十八丈者六十二。"所以有人把郑和下西洋简单地概括为"通四夷，给封赏，扬国威，示富强"。自从停罢下西洋活动之后，明清两代基本上实行了禁海以及锁国的政策，对郑和下西洋的功绩少有研究。

图5-1　郑和宝船复原效果图

一、著名近代学者梁启超拉开了研究郑和的序幕

在郑和七下西洋的伟大壮举中，"体势巍然"的宝船，一直是人们视线的焦点。20世纪初，著名近代学者梁启超曾以郑和及其宝船激励国人的爱国主义情愫。他在《祖国大航海家郑和传》一文中特别指出："有深当注意者二事。一曰其目的在通欧西也。……二曰航海利器之发达也。（郑和）'本传'云：'造大舶修四十四丈、广十八丈者六十二，容士卒二万七千八百余人。'吾读此文，而叹我大国民之气魄，洵非他族所能几也。"自从梁启超拉开研究郑和的序幕，国内外的学者在研究郑和中不断取得新的成果。

现今，凡是选编研究郑和的文集，如《郑和研究资料编选》《郑和研究百年论文选》《郑和下西洋研究文选（1905—2005）》等，梁启超的这一论著都被列为首篇，其重要性可见一斑。不过，美籍华裔学者苏明阳则认为："古今几百种所标榜的庞大宝船尺度是假的、错误的。许多中国人为此所引发的'过度'爱国民族自傲情绪是不当的。造成此误解的第一位中国学者是清末民初著名的历史家梁启超。他1904年之论文经常被引为依据。"

二、国际知名学者对郑和宝船的学术见解

1. 法国汉学家保罗·伯希和（Paul Pelliet，1878—1945）

伯希和于1933年将明代马欢的《瀛涯胜览》、明代费信的《星槎胜览》、明代巩珍的《西洋番国志》和明代黄省曾的《西洋朝贡典录》等下西洋纪行著作，经考证、注释后用法文出版，书名为《十五世纪初中国人的伟大海上旅行》。两年后即1935年，冯承钧将该书译为《郑和下西洋考》后由商务印书馆出版。该书为"造大舶，修四十四丈、广十八丈者六十二"句加以注释曰："此种海舶奇大，可参考格仑·威尔德（Groen

Veldt）书一六八页。总之每舟平均载四百五十人，其舟显然甚大，关于中世纪中国之大舶者可参考玉耳·戈尔迭（Yule Cordier）之马可波罗书，第二册二五三页，又契丹（Cathay）纪程，第五册二五页。伊本拔图塔（Ibn Battutah）以为中国之大海船可容一千人，内水手六百士卒四百。"

2. 英国学者李约瑟（Joseph Needham，1900—1995）

李约瑟在他的《中国的科学与文明》一书中写道："明代文献中有关郑和旗舰的尺度，乍看似乎难以相信，但在实际上丝毫不是'奇谈'。"接着他还对明朝水师加以概括："在明朝全盛时期（1420 年前后），其海军也许超过了历史上任何时期的亚洲国家。甚至可能超过同时期的任何欧洲国家，乃至超过所有欧洲国家海军的总和。永乐年间，明朝海军拥有三千八百艘舰只，其中包括一千三百五十艘巡逻船，一千三百五十艘属于卫、所、寨的战船，和以南京新江口为基地的有四百艘大战船的主力船队，以及四百艘运粮的漕船。此外，还有二百五十艘远航宝船，每艘宝船上平均规定人数由 1405 年的四百五十人增加到 1431 年的六百九十人以上，最大的宝船当然超过一千人。"

3. 日本学者寺田隆信（1931—2014）

寺田隆信在其著作《郑和——联结中国与伊斯兰世界的航海家》中，不仅盛赞中国的传统造船技术，而且将郑和船队与其后的欧洲船队作对比。书中写道："造船技术的优劣，是一个国家生产技术水平的反映。像以上所说的那样，15 世纪初的中国，以高超的传统造船技术，建造了难以置信的巨大船舶，接连不断地把它们送到大海之中。

"对比所谓'大航海时代'的航海，不仅迟于郑和之后五六十年，而且所乘船舶的尺度、性能，船队的规模，无论哪一样都远不及郑和的船队。瓦斯科·达·伽马的船队，正如前面叙述的，而 1492 年 8 月出航的哥伦布的舰队，也仅有 3 艘，成员 88 名，旗舰'圣玛利亚'号只不过才

250吨。并且，到达美洲时，已经失去1艘，留下的2艘也落得满身疮痍。1517年以周航世界为目标而起航的麦哲伦的船队，其命运如何，这是众所周知的。

"达·伽马、哥伦布和麦哲伦的航海的历史意义，是必须给以充分评价的。然而，造成那样的结果，这与他们不仅在航海和操船技术方面有问题，而且与乘坐的船舶也经不起大洋的风浪不无关系。从总的方面来说，他们的航海是一种探险的、冒险的活动。"①

4. 美国学者李露晔（Louise Levathes）

李露晔于1994年在英国牛津大学出版社出版了《当中国称霸海上》（*When China Ruled the Seas*）一书，其中有"宝船"一章。在全书开头的"楔子"中刊有詹氏（Jan Adkins）所绘郑和宝船与哥伦布旗舰"圣玛利亚号"的对照图（图5-2）。两者在尺度与规模上的对比，何其生动鲜明。

图5-2　郑和宝船与哥伦布旗舰"圣玛利亚号"的对照图

据知，当李露晔撰写这部著作时，她不仅到东南亚的许多地方考察郑和遗迹，还专门到剑桥的李约瑟研究所结交李约瑟并作学术交流。作为到

① ［日］寺田隆信.郑和——联结中国与伊斯兰世界的航海家［M］.庄景辉，译.北京：海洋出版社，1988：15.

南京大学的访问学者，她曾造访我国的许多城市并与为数众多的中国学者进行学术交流。可以说，研究郑和及其宝船，外国学者也参与其中了。

三、对郑和宝船的质疑有力地推动了学术研究

对宝船尺度持怀疑态度的学者国内外不乏其人，从 20 世纪 40 年代到 80 年代，国内质疑宝船的学者及代表性论文，概有以下 4 篇。

一是管劲承先生早在 1947 年发表的《郑和下西洋的船》。"据'本传'，船身长四十四丈，阔度倒有十八丈，长阔之比，约为七与三。于此，我们只凭常识为断，就不能无疑。"管劲承继续写道，"何致造成违反水性的'短短胖'呢？所以'本传'云云，可说是史官笔下造成的船舶，并不会经过工匠用斧斤，斫大木。"

二是周世德研究员在 1962 年发表的《中国沙船考略》。周先生从沙船推论郑和宝船，"按着江苏外海沙船比例（按：文中示例船型的长与宽之比为 5.11）计算，长 44 丈，应宽 8.6 丈"。周先生认为历史文献所记宝船长度"是可信的"，"颇疑船宽记载有讹舛之处"。广十八丈"颇疑系'广于八丈'之误"。遂有修改宝船宽度之议。

三是上海交大教授杨槱、杨宗英、黄根余在 1981 年发表的《略论郑和下西洋的宝船尺度》。文章要点有："船型似以沙船为妥，长宽比就不能太小"；"《明史·郑和传》中关于宝船的尺度是引自明人'说集'的《瀛涯胜览·序》，因此不能说这个尺度是有充分根据的"；龙江船厂"从整个厂的布置图看来，是不能造这么大的船的"。杨槱教授的结论意见是："《明史》上记载的宝船，长四十四丈，宽十八丈，若将其宽作为长，将长度的单位改为尺，而改为四丈四广，十八丈长，则与一般法式估算的尺度就相当接近了。"

四是杨槱教授于 1983 年在《文汇报》发表《郑和宝船究竟有多大》，把有争议的问题加以概括：《明史》等所载宝船尺度均源于《瀛涯胜览》

一书，实为孤证；据"南京静海寺残碑"推断，郑和的船仅长十余丈；郑和航海不需要特大的船；在明代要在三年内造出几十艘特大的宝船"是不可思议的"。

上述 5 位学者的 4 篇论文，对宝船的质疑有 4 点：（1）"短短胖"的宝船是不存在的；（2）提出沙船说，长宽比不能太小；（3）提出龙江说，龙江船厂造不了大型宝船；（4）宝船尺度源于《瀛涯胜览》，实为孤证。

不赞同上述质疑的学者更多，按论著发表的先后概述如下。

一是武汉水运工程学院席龙飞与何国卫于 1982 年撰成《试论郑和宝船》，并将文稿首先寄呈周、杨两位先生恭请赐正。同时还寄呈上海海运学院院长陈嘉震教授、厦门大学历史系庄为玑教授、北京水运史学家房仲甫先生等求教。

《试论郑和宝船》提出：按《明史》及有关文献所记，"可知郑和庞大的舰队中，绝大多数船舶的长宽比值均在 2.5 左右。这样小的长宽比虽然与现代造船工作者的认识相距很远，但却为近年在泉州、宁波出土的宋代海船所证实。泉州宋船的长宽比为 2.48[①]或 2.8[②]；宁波宋船的长宽比为 2.71[③]或 2.8[④]。这样小的长宽比在历史文献中也能找到"。

像前述周先生、杨先生那样，为附会"沙船比例"或"一般法式"而去修改宝船的尺度，未免牵强，而且与出土古船的实证相悖。特别是杨槱教授领衔的学术论文，把宽改作长，把长的单位改作尺，毫无科学性可

① 杨槱. 对泉州湾宋代海船复原的几点看法 [J]. 海交史研究，1982（4）：35.

② 席龙飞，何国卫. 对泉州湾出土的宋代海船及其复原尺度的探讨 [J]. 中国造船，1979（2）：117.

③ 席龙飞，何国卫. 对宁波古船的研究 [J]. 武汉水运工程学院学报，1981（2）：26.

④ 徐英范. 浙江古代航海木帆船的研究——兼谈宁波宋代海船复原 [D]. 中国科学院自然科学史研究所硕士论文，1981：26.

言。这是《试论郑和宝船》的主要论点之一。

《试论郑和宝船》的论点之二,以《明成祖实录》所载永乐元年(1403)至永乐十七年(1419)根据上谕建造海船统计表表明,下西洋船舶是在全国各地建造的,船型有多样性。由于文献所记诸多船型的长宽比值较小,说明宝船的主要船型应是福船而非沙船。这一论点后来也为杨槱教授所赞同。

席、何在论文中以"郑和宝船的出现合于事物发展规律"回应杨槱等三位学者。文中以与他们同样的公式核算船体强度,结果表明是"可以保证有足够的强度"。

1983年,中国航海史研究会在九江举办了郑和下西洋学术讨论会,这在我国是空前的郑和研究盛会,有许多知名专家在这次会议上发表了学术论文,会后出版《郑和下西洋论文集》第一集,引起了海内外的关注。

二是山东大学历史系教授郑鹤声、郑一钧在九江会议上著文《略论郑和下西洋的船》。文章针对杨槱教授等三位学者所说的"记有郑和下西洋全部情况的典籍,被明朝兵部郎中刘大夏付之一炬,而《明史·郑和传》中关于宝船的尺度是引自明人'说集'的《瀛涯胜览·序》。因此,不能说这个尺度是有充分根据的"这一论述,《略论郑和下西洋的船》一文中写道:"我们认为,这一说法是值得商榷的。查刘大夏所毁,主要为明朝政府内所藏'郑和出使水程'及有关档案,至于在刘大夏之前已流传民间的记有郑和下西洋情况的典籍,仍有一些流传至今,除马欢书外,尚有费信的《星槎胜览》、巩珍的《西洋番国志》、茅元仪的《武备志》中所收《自宝船厂开船从龙江关出水直抵外国诸番图》(即《郑和航海图》)等,而《郑和航海图》即为'郑和出使水程'之一种。"

作为早年"南京静海寺残碑"的发现者,郑鹤声在文章中写道:"我们认为南京静海寺残碑中所记一千五百料、二千料海船,应为'将领官军乘驾'的军舰,是一种以运载广大的下洋'将领官军'为主,兼有作战性能的海船。……可以统称之为'战座船'，是郑和舰队中的主要舰型之一，却不是最大的宝船。……郑和宝船，与此有别，应为郑和、王景弘等领导成员乘坐的旗舰，或为使团重要成员、外国使节、一般行政官员和技术人员等非军事人员所乘坐的以及装载大宗'宝货'的船只。"

郑鹤声教授写道："在明代以前，中国造船业发达的程度，就接近于能造长四十四、宽一十八丈的大船的水平。明朝永乐年间，在社会经济高度繁荣的基础上，郑和下西洋所表现的大规模的洲际航海活动，有力地推动了当时造船业进一步发展，完全有可能具有建造大型宝船的技术水平。郑和宝船主要建造于南京宝船厂，福建也是重要的建造宝船的基地。"在文章的结尾，针对杨槱教授等三位学者文章所说的"过去修史写书的官员，对生产实践一般较贫乏，稍一疏忽，就有可能对船作出错误的描述"，郑鹤声写道："根据明代各可靠的史料，举宝船之大者，为'修四十四丈，广十八丈'，不是反映了过去修史写书的官员对生产实践知识的贫乏，而是反映了明代造船工匠在打造巨型海船上所达到的高超的技术水平，实在超出了今天人们的想象。由于当时的造船工艺早已失传，有关宝船结构的技术资料也没有流传下来，史书上简短的记载，看起来真像是特定时代的'奇迹'，从中却也能说明我们中华民族是素以其富有创造性的聪明才智而著称于世的。"

三是厦门大学历史系教授庄为玑、庄景辉发表的《郑和宝船尺度的探索》一文。他们认为："郑和下西洋的档案，虽被付之一炬，宝船尺度却在随行人员马欢的纪行著作中得以保存，这是十分宝贵的。尤其像马欢这样的第一手资料，系记录者直接目击，因此，在没有发掘出更有力的史料之前，马欢所记的宝船尺度不应轻易否定或随意修改。"

庄姓师生写道："作为随郑和下西洋人员的纪行著作问世的还有巩珍的《西洋番国志》和费信的《星槎胜览》。在这两部书中，虽无明确记述宝船的尺度，但均对其规模作了描述。最为引人注目的是《西洋番国志》

中的一段记载：'其所乘宝舟，体势巍然，巨无与敌。篷、帆、锚、舵，非二三百人莫能举动。'

"这里所记载宝舟'巨无与敌'跟前述马欢所记之宝舡'古所未有'恰相吻合，而'篷、帆、锚、舵，非二三百人莫能举动'正是'大者长四十四丈，阔一十八丈'的具体注释，巩珍的这一记述并不是无所凭据的，他与马欢、费信一样，曾于宣德六年（1431）'叨从使节，涉历遐方'，随郑和第七次下西洋……如果说，'所记各国的事迹……悉听通事转译而得'的话，那么，对于'宝舟'的体势，正是巩珍所亲身目睹的事实。"

庄为玑教授性格豪爽，经常是快人快语。他认为周（世德）先生拘泥于沙船说，杨（槱）先生拘泥于龙江说，二位都有局限性。他在1982年与笔者的通信中写道："郑和船只既是（从）各省调来配搭，则无所谓龙江船厂包造之可言……大作（指席龙飞、何国卫的《试论郑和宝船》）目的在于探讨郑和宝船问题，周、杨二专家读之亦当首肯。"

四是山东大学中西交通史硕士研究生邱克在九江会议上发表《郑和宝船尺寸记载的可靠性》一文。邱克在北京图书馆（今国家图书馆）寻找到明代钞本《三宝征夷集》。此钞本最早著录于宁波范氏《天一阁书目》。伯希和在《郑和下西洋考》中曾提到过它。冯承钧则进一步指出这是《瀛涯胜览》的别本。冯承钧还说："这部孤本《三宝征夷集》，现在或尚存，若能取其校勘《纪录汇编本》，必更有所发现。"[1]

邱克在文章中写道："《瀛涯胜览》初稿完成于永乐十四年（1416），全书最后完稿于马欢参加第七次下西洋归来（1433）之后，并增添了天方国条等新的内容。而巩珍在宣德九年（1434）完成《西洋番国志》之前看

---

① ［法］伯希和.郑和下西洋考［M］.冯承钧，译.上海：商务印书馆，1935：154.

到并抄袭了马欢的这部书，以此而论《瀛涯胜览》的最后定稿似不会晚于宣德九年。经过校勘可知，《征夷集》与其他版本相比，非常接近于'巩本'，有理由认为巩珍写作时参考的很可能就是与《征夷集》相类似的原本。因此其可靠程度较之'明钞说集本'又胜过一筹，这部明钞本卷首诸番国名之后，亦录有宝船尺寸及下西洋官兵人数。"邱克用照片披露了这些数字全用会计字码大写，他认为："因此，似乎可以排除转抄刻写过程中把船的长宽尺寸颠倒或笔误的可能。"

五是文尚光研究员于1984年发表《郑和宝船尺度考辨》一文。针对杨槱教授于1983年在上海《文汇报》发表的《郑和宝船究竟有多大》一文，文尚光在文章中写道："明白载有宝船尺度的历史文献有明钞说集本《瀛涯胜览》及《三宝征夷集》《郑和家谱》《客座赘语》《西洋通俗演义》《国榷》《明史·郑和传》等七种。按其资料来源可分为三个系统：一是《瀛涯胜览》《征夷集》和《西洋通俗演义》；二是《家谱》；三是《明史》《客座》和《国榷》。尽管它们的资料来源不同，但所载的最大宝船均为长四十四丈（或为四十四丈四尺）、宽十八丈，这个数字的可靠性应是毋庸置疑的。有这么多同源与不同源的文献为证，怎么能说是'孤证'呢？"

鉴于巩珍在《西洋番国志》自序中说"其所乘宝舟，体势巍然，巨无与敌。篷、帆、锚、舵，非二三百人莫能举动"，文尚光写道："如果说最大宝船仅长十余丈，那么郑和这位年轻的幕僚所作的随行实录，怎么会如此用词不当，如此失实之甚呢？下西洋的盛事刚结束，大批当事人还在，巩珍怎敢毫无根据地胡乱吹嘘呢！"

六是中国船史研究会副会长、江苏省造船工程学会副秘书长洪长倬于1984年于南京召开的郑和下西洋学术讨论会上，发表学术论文《宝船厂遗址及宝船尺度问题》。洪的文章报告了他本人亲自参加的对遗址的调查与勘测，给出宝船厂与龙江船厂的厂址图。洪长倬的贡献是：（1）突破了南京博物院一位资深专家把龙江船厂与宝船厂混为一谈的定式；（2）明确提出"宝船厂与龙江船厂性质不同"，"宝船不可能是在龙江船厂制造的"，"宝船厂是有可能制造宝船的"。在文章的最后，洪长倬写道："从上述文献资料，可以充分说明明代宝船之成，绝不是'误打误碰'出来的，若非经过千百年的实践，曷克臻此。因此，可以断言，宝船的'体势巍然，巨无与敌'之雄姿，见诸马欢、费信、巩珍等人笔下者，信非诳语。"

七是复旦大学教授章巽对国内热门的郑和宝船问题，也参与了讨论。1986年，章巽教授在其《我国古代的海上交通》一书中，对文献所记宝船的尺度，认为"殊有可能"。他写道："郑和的伟大，是由于他继承了前人开创的事业，吸取了前人丰富的航海技术与经验。……我国不但最早发明指南针并将其应用于航海，而且我国造船业开始得非常早，技术精良，世代有所进步，唐、宋、元各代的大海舶都驰名于整个西太平洋和印度洋上。——以上所说我国海上交通史这一切光辉的经历和巨大业绩，正是郑和所继承了的。"

综上所述，我们可以这样理解：正是由于对郑和宝船有那么多质疑，才引起了全国学者的研究兴趣，才使研究工作不断深入并获得十分可喜的成果。

四、对郑和宝船新的质疑引发了更为深入的研究

华裔美籍海洋学者苏明阳先生在2002年《船史研究》（总第17期）发表两篇文章《郑和宝船及船队究竟有多大——依据明朝可靠文献之新估计》和《历史与小说的错综交织——揭开"郑和宝船之谜"》。苏明阳先生写道："《西洋记》第15回虚构的'宝船尺度'乃郑和宝船最原始出处。古今几百种所标榜的庞大宝船尺度是假的、错误的。许多中国人为此所引发的'过度'爱国民族自傲情绪是不当的。造成此误解的第一位中国学者是清末民初著名的历史家梁启超。他1904年之论文经常被引为依据。"

针对苏明阳的两篇文章，何国卫、席龙飞写道："华裔美籍学者发表的《历史与小说的错综交织——揭开"郑和宝船之谜"》和《郑和宝船及船队究竟有多大——依据明朝可靠文献之新估计》两篇专文，远远不能全面破掉史籍对郑和宝船尺度的记载，也不能使读者信服地接受郑和宝船就是一艘长230尺、载600人的6000料海船。原因是苏明阳先生所依论据，所设假定，所用逻辑都过于随意和偏颇，所推定的结论当然就不可靠和不可信。"[1]

苏明阳先在其《郑和宝船及船队究竟有多大——依据明朝可靠文献之新估计》一文中，是怎样估计宝船尺度的呢？对于非造船行业的人士恐怕一时难以看出究竟。中国船级社何国卫教授分析说：苏先生以《龙江船厂志》中的400料战座船的尺度，按料的1/3方的比例关系，推出2000料海船的尺度为长153.9尺。再按已发现的舵杆长11米，估计出可以匹配船长为222尺的船。于是求得宝船的料数为：

$$宝船料数 = 2000 \times \left(\frac{222}{153.9}\right)^3 = 5972料$$

在造船学里，当船型相近，船速相当，排水量（暂时用料表示船的体量亦无不可）相差不大（通常不大于15%—20%）时，排水量与长度的立方间有比例关系。如今，400料与2000料相差5倍，与6000料相差15倍，船型相似的关系已不复存在。用这种办法来作"新估计"，是没有任何意义的。

苏明阳在《历史与小说的错综交织——揭开"郑和宝船之谜"》的文章中认为，在中国所有文献记载的郑和宝船尺度，都是抄自罗懋登的小说《西洋记》。苏明阳的这一论点能成立吗？

中国社会科学院明史研究室主任万明教授，在纪念郑和下西洋600周

---

[1] 何国卫，席龙飞.没破掉也没立稳——评苏明阳先生关于郑和宝船的两篇专文[J].船海工程，2004（12）：35-40.

年（2005）时，出版《明钞本〈瀛涯胜览〉校注》。在代前言中万明教授
写道：

> 现存郑和下西洋三部基本文献，包括马欢《瀛涯胜览》、费信《星槎
> 胜览》、巩珍《西洋番国志》，都是当时跟随下西洋的人所著。其中，马
> 欢《瀛涯胜览》一书，出自亲历下西洋的通事（即翻译）之手，更是原始
> 资料性质，弥足珍贵。

> 此书久已蜚声中外，不仅是明代一系列有关中外关系记载、清修《明
> 史·外国传》的史料渊薮，也是古代中外交往史上影响最大的史籍之一，
> 在国内外产生了很大影响，英文和日文都已有译本。1978年，印度著名历
> 史学家阿里（Ali）教授在给季羡林先生的信中说："如果没有法显、玄奘
> 和马欢的著作，重建印度史是完全不可能的。"由此可见此书学术价值之
> 一斑。

万明教授在提到罗懋登的小说时写道：

> 有学者认为这段文字（笔者按：指宝船尺寸和下洋官兵人数等）来自
> 罗懋登的小说《三宝太监西洋记通俗演义》，论点建立在万历末年以前的
> 各种钞本、刻本都已散佚上，这一论点已经证明不能成立。

苏明阳的文章基点是所有记载宝船尺寸的文献，均抄自《西洋记》。
这一论点如万明教授所言"已经证明不能成立"，那么苏明阳的所谓研究
成果以及有的学者对苏明阳无以复加的赞誉也就落了空。

苏明阳先生当年曾到武汉访问，笔者曾热情接待并有著作相赠。2009
年9月，在台北举办了"世界华人郑和论坛"，我以为这是与苏明阳先生
同堂切磋的好机会。我在带到台北的论文中写道：

> 苏明阳先生不仅见过而且批评过邱克的论文，但在苏的文章中对明钞
> 说集本《瀛涯胜览》，"在卷末亦有'景泰辛未'一行"既没有批驳，也
> 没有否定，是苏明阳先生视而不见，还是另有隐情，我们不得而知。苏明
> 阳在其论文中的表6首栏的《瀛涯胜览》中，仍以其不曾记宝船尺度误导

读者。我们以为：这在学风上不仅不严谨，而且是不诚实的，因而也是不可取的。这样的论文怎么能有说服力呢？

此前苏明阳先生曾两次到台北的"世界华人郑和论坛"会场与笔者相会晤。然而此次会议苏先生为何没有获得邀请并出席呢？笔者一则不得其解，再则为不能同堂切磋而抱憾。

五、纪念郑和下西洋 580 周年时复原出郑和宝船模型

1985 年，在南京召开了纪念郑和下西洋 580 周年纪念大会，与会学者和有关领导近 300 人。当年还出版了两集《郑和下西洋论文集》，反映了当时的研究成果和学术水平。

中国航海史研究会组织有关专家制作《古今对照郑和航海图》，并以此为契机，再接再厉，不久又有《新编郑和航海图集》出版。

中国航海史研究会确定由武汉水运工程学院、大连海运学院和集美航专三院校合作，复原研制郑和宝船模型。在 1983 年暑期的大连会议上，由武汉水运工程学院按《试论郑和宝船》提出的尺度和船型系数，除长、宽尺度按历史文献外，取船深为 12 米，吃水为 8 米，按泉州海船的方形系数 0.43，仿泉州古船绘制了两种型线图，会议选用一种。由集美航专设绘了总布置图。会议审定后确定由集美航专制作模型。1984 年春，在厦门集美航专召开的审定会议上，宝船模型通过了专家评审。自此，9 桅 12 帆的宝船模型在南京、太仓、昆明、长乐的 4 处郑和纪念馆长期展出。据悉，此种郑和宝船模型也有多艘"驶到海外"。

六、纪念郑和下西洋 600 周年对学术研究的推动

为纪念郑和下西洋 600 周年，2005 年国家成立了活动筹备领导小组，敦聘对郑和航海素有研究的学者组成专家组，以"热爱祖国、睦邻友好、科学航海"为主旨，开展学术研究、纪念展览、国际交流和出版

专著。同时，经国务院批准，自 2005 年起，将每年的 7 月 11 日定为中国"航海日"。

在结束这一节时，笔者想说两点：一是近年来有的船舶工程学者开始利用现代科学方法进行郑和宝船的研究。武汉理工大学造船史研究中心蔡薇等人的《郑和宝船的考古学研究及船舶结构力学有限元强度分析》为一次尝试。笔者以为在多学科综合研究中更能发挥我们的专业特长，比强行去"突破历史学家的结论"要好。二是要大力弘扬郑和这位伟大航海家的爱国主义精神，还要继续响应梁启超对国人爱国热情的激励。笔者认为庞大宝船尺度不是假的，爱国主义情愫既不"过度"也无"不当"。笔者虽然难以苟同前述美籍华裔学者对梁启超的批评，但绝不影响彼我之间的和睦友好，还要共同切磋有关郑和科学航海的研究。

热爱祖国、和睦友好、科学航海，当是我们继续研究郑和下西洋及其宝船的指导方针。

第二节　明代海船的发掘与研究

一、山东蓬莱一号古战船的发掘与研究

1. 蓬莱一号古船的发掘、研究与展出

1984年6月，在全国重点文物保护单位——蓬莱水城（古登州港）进行了一次大规模清淤工程。施工人员在港湾的西南隅2.1米深之淤泥中，发现了3艘古代沉船。蓬莱县和烟台市的文物工作者将其中一艘较完整的古船进行了清理发掘。该船残长28.6米，残宽5.6米，残深0.9米，是当时中国发现的最长的一艘古船（图5-3）。到2005年其他两艘古船被清理后，该船被定名为"蓬莱一号"古船。

1987年11月，在武汉水运工程学院由中国船史研究会组织召开的中国古代船史研讨会上，烟台和蓬莱的文物工作者宣读了《蓬莱水城清淤与古船发掘报告》，引起了与会的船史研究工作者的重视。经过一年的筹备，由武汉水运工程学院、烟台市文管会和蓬莱县文化局联合举办的全国性蓬莱古船与登州古港学术讨论会于1988年10月在蓬莱召开，并于1989年9月出版了会议的论文集《蓬莱古船与登州古港》，收录了发掘报告及有关学术论文15篇，以及同时发现的石碇、木碇、四爪铁锚、缆绳等船具，铜炮、铁炮、石弹、灰弹瓶等武器和一部分瓷器等各种文物的照片82幅。

图5-3　蓬莱古船出土时的全貌
（采自大连海运学院出版社1989年版《蓬莱古船与登州古港》）

　　经过两年的建设，我国第一座古船博物馆于山东省蓬莱市建成，并于1990年5月举行了开馆典礼。古船博物馆在专门设计的仿古木结构建筑物里，开辟了古船展厅，同时还有展出石碇、木碇、铁锚、铜炮、铁炮及有关陶瓷器等的展室。图5-4为展出中的蓬莱一号古船。

　　2. 蓬莱古船的年代及用途

　　现在的蓬莱水城建于明洪武九年（1376），其水门实宽8米，水门至港内平浪台的距离只有44米。当年的有关专家认为：像蓬莱古船这样大型的船只，若出入水门就相当费时费力，情况紧急时或将贻误战机。据此认为："蓬莱古船是在明朝初年水门未修以前，即元朝时期进入港内的。"再者，古船内外的文物都是元朝器物，如高足杯、瓷碗等，既没有宋朝的遗物，又未见明、清两朝的器物，而"高足杯是元代瓷器中最流行的器形"。当年的研究认为"蓬莱古船是在元朝建造使用的，其最晚使用期限

图5-4 登州古船博物馆展厅中的蓬莱古船

不应晚于明初洪武九年，即不晚于 1376 年蓬莱水城修建以后"①。

　　为了配合蓬莱水城的清淤工程，2005 年 7 月至 11 月，山东省文物考古研究所、烟台市博物馆、蓬莱市文物局联合组队，对清淤过程中发现的古船进行了考古发掘和清理，共发掘 3 艘大型海船，编号分别为二、三、四号古船（1984 年清理的为一号古船）。②

　　蓬莱一号古船残长达 28.6 米，残宽只有 5.6 米，其长宽比大于 5.0，这比通常的航海货船大许多，说明它的用途与一般海洋货船有所不同。古船出土时舱内外伴有石弹、铁炮、铜炮以及许多装有石灰的陶瓶等武器，

①　邹异华，袁晓春 . 蓬莱古船的年代及用途考 ［C］// 蓬莱古船与登州古港 . 大连：大连海运学院出版社，1989：76.

②　山东省文物考古研究所，烟台市博物馆，蓬莱市文物局 . 蓬莱古船 ［M］. 北京：文物出版社，2006：16.

说明它是一艘具有较高航速的战船。

2005 年发掘的二号古船，与 1984 年发掘的一号古船，船型相类似，都属于战船。由于 2005 年的发掘工作有严格的地层关系，对各号古船年代的判断较为清晰和准确。《蓬莱古船》写道："二号船下的堆积层中存在明代晚期的标本，因此二号古船的废弃时代应在明代晚期。一号船废弃年代和二号船应该比较接近。"《蓬莱古船》结论为："一、二号船的制造和使用时代应在明代晚期，最早不会超过明代中期。"①笔者对此结论表示赞同。

特别应当注意到，蓬莱水城在历史上就曾是驻扎水师的港埠。北宋庆历二年（1042），为抵御辽国的南侵，登州郡守郭志高"奏置刀鱼巡检，水兵三百戍沙门岛，备御契丹"（《蓬莱县志》）。因其水师所驾驶的战船，形狭长酷似刀鱼，也称刀鱼战棹，此水寨也称"刀鱼寨"。元朝的蓬莱水城仍像北宋时期一样，照旧驻扎着水师，用于巡逻海面，出哨防洋。所用的战舰当为沿袭宋朝的"刀鱼战棹"②。

刀鱼船船型源于浙江沿海，俗称钓槽船。《建炎以来系年要录》记载："浙江民间有钓鱼船，谓之钓槽，其尾阔可分水，面敞可容兵，底狭尖可破浪，粮储器杖，置之簧版下，标牌矢石，分之两旁。可容五十卒者，面广丈有二尺，长五丈，率四百缗。"此类刀鱼战船长宽比值较大，吃水不深，造价也不高，对于沿海风涛不是很大的海域较为适用。《宋会要辑录》记载，北宋时曾将"措置合用刀鱼战船，已行画样，颁下州县"制造。元代时海上对外用兵频繁，船也愈造愈大，但其船型一般仍是承袭

① 山东省文物考古研究所，烟台市博物馆，蓬莱市文物局．蓬莱古船［M］．北京：文物出版社，2006：85-86.

② 邹异华，袁晓春．蓬莱古船的年代及用途考［C］//蓬莱古船与登州古港．大连：大连海运学院出版社，1989：76.

宋制[①]。到了明代，蓬莱水城仍是水师驻扎的要塞。

综上所述，蓬莱古船应是沿用刀鱼战船型的海防战船。

3. 蓬莱古船的结构特征与工艺特点

蓬莱一号古船残骸的平面及纵剖面图如图 5-5 所示，其狭长的船身充分显示了刀鱼战船的基本特征。

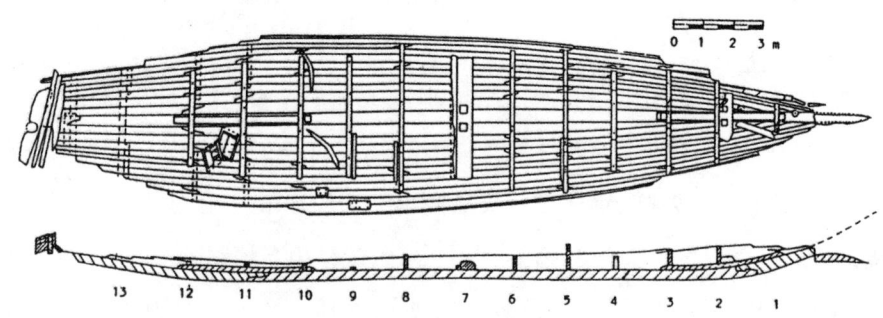

图5-5　蓬莱一号古船的平面及纵剖面图

（1）龙骨：龙骨是船体的主要部件，由二段方木以钩子同口加凸凹榫连接。主龙骨长 17.06 米，用松木制成；尾龙骨长 5.58 米，用樟木制成；尾端上翘约 0.6 米；全长 22.64 米。龙骨截面有很长一大段为矩形，中部最厚处为 300 毫米，向尾部逐渐过渡到 280 毫米，向首部逐渐过渡到 250 毫米。龙骨截面以在 6 号舱壁处最宽，为 430 毫米，到最尾部宽度减缩到 200 毫米，到首部 2 号舱壁处龙骨宽度过渡到平均约 375 毫米且呈上窄下宽的梯形。[②]

---

① 辛元欧.蓬莱水城出土古船考［C］//蓬莱古船与登州古港.大连：大连海运学院出版社，1989：69.

② 顿贺，袁晓春，罗世恒.蓬莱古船的结构及建造工艺特点［J］.武汉造船，1994（1）：19.

由主龙骨支撑尾龙骨和首柱，这与泉州、宁波两艘宋代海船大体相一致，但是蓬莱古船采用的是带有凸凹榫的钩子同口连接，榫位长度达 0.72 米，约为宋代两船的两倍。更为突出的特点是，主龙骨与尾龙骨、首柱的接头部位增加了补强材，其长度各为 2.2 米和 2.1 米，其断面尺寸是宽 260 毫米、厚 160 毫米。"可以认为这是经过一二百年之后较宋代两艘古船的技术进步。"①主龙骨在船中部位略向上翘曲，但发掘时未能精确测量到其翘曲值。

（2）首柱：首柱长 3.6 米，用樟木制成。后端受主龙骨支撑并与之采用带凸凹榫的钩子同口连接，连接长度约为 0.72 米。断面与主龙骨相同，向前则逐渐转化为锥体，其尖端高出船底约 2 米。在首柱与主龙骨连接部位的补强材上，又设有第 1、2、3 号舱壁，相互加固。

（3）舱壁板：全船由 13 道舱壁隔成 14 个舱，舱壁板厚 160 毫米，用锥属木制成。其中以第 3、第 5 号舱壁较为完整（图 5-6）②，尚存有 4 列壁板，总宽度约为 0.8 米。与出土的宋代船舶相比，在技术上更显得先进的是，相邻的板列不是简单的对接，而是采用凸凹槽对接，相邻板列更凿有错列的 4 个榫孔，其尺寸是长 80 毫米，宽 30 毫米，深 120 毫米。显然，这种精细的构造有利于保持舱壁的形状从而保持船体的整体刚性，当然也有利于保证水密性。

与中国古船的传统相一致，蓬莱古船虽然舱壁周边无肋骨，但在两舷舭转弯处，均设有局部肋骨，参见图 5-6-B。以船体最宽处为中心，凡前于此处的局部肋骨均设在舱壁之后，凡后于此处的局部肋骨均设在舱壁之前。其作用显然是为了固定舱壁而有利于提高船体的刚度与强度，也有利

① 席龙飞，顿贺.蓬莱古船及其复原研究［J］.武汉水运工程学院学报，1989（1）：3.

② 烟台市文物管理委员会，蓬莱县文化局.山东蓬莱水城清淤与古船发掘［C］//蓬莱古船与登州古港.大连：大连海运学院出版社，1989：30.

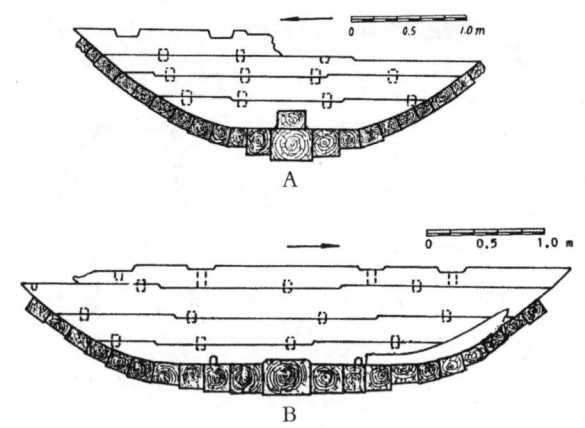

图5-6　第3号及第5号舱壁的测绘图

于提高舱壁及外壳板的水密性。

在第3号、第5号这两只较为完整的舱壁上，在自下而上第4列壁板上，出现了以往从未发现的两对相距约为0.7米的凹槽。笔者认为，这凹槽当是为设置两对纵向桁材而凿成的，在纵向桁材上可铺设木铺板，作为战卒起居之用。前引李心传撰《建炎以来系年要录》载刀鱼船的船型特点时，曾有"粮储器杖，置之簧版下"。此"簧版"，也有的写成"艟板"，即木铺板。《明史·兵志》在述及苍山船时写道："其制上下三层，下实土石，上为战场，中寝处。其张帆下碇，皆在上层。""从在蓬莱船中所获文物甚少这一点来看，或者就是因为'下实土石'所致。这点可作为蓬莱古船为兵船的旁证。"[①]

（4）外板：外板用杉木制成。残存板列左右舷分别为10、11列。每列板最长为18.5米，最短为3.7米，最宽为440毫米，最窄为200毫米。由于腐蚀相当严重，厚度为120—280毫米，以邻龙骨的板列为最厚。外

① 席龙飞，顿贺.蓬莱古战船及其复原研究［J］.武汉水运工程学院学报，1989
（1）：4.

板列数由首到尾是不变的，于是首部板列较窄，到中部则逐渐增宽。这与宁波古船是一致的[①]。

列板的边接缝采用简单的平口对接，用 3 种铁钉钉连：一种是在板厚的中心处钉进穿心钉，其钉长约为 0.44 米，呈四棱锥体，根部断面为 15 毫米 ×15 毫米；一种是在壳板内面钉进铲钉，钉孔距边接缝约为 40—50 毫米，铲钉间距约 150 毫米，钉位错开排列成"人"字形。用穿心钉、铲钉钉连壳板略如图 5-7 所示。

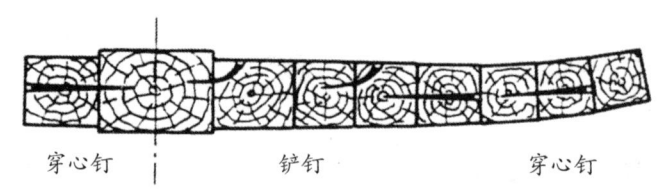

穿心钉　　　　　铲钉　　　　　穿心钉

图5-7　蓬莱古船采用的穿心钉及铲钉

还有一种钉则为定位锔钉。如图 5-8 所示，此种锔钉类似于挂锔的锔板，用在舱壁板一线，卡在两列外板之间，并能严格限定横舱壁的位置以避免舱壁在首尾方向的位移。在船中最大宽度处之前，所有锔钉均设在舱壁之后，在船中最大宽度之后，所有锔钉则均设在舱壁之前。锔钉的功能除能严格对舱壁限位之外，也能防止外板板列的相互错动。如果锔板上有钉孔并钉在舱壁上，则是很理想的挂锔，但未发现锔板上有钉孔。锔钉的尺寸是：厚度 10 毫米，宽度 60 毫米，长度约 400 毫米，其中折边约有100 毫米。

蓬莱古船外板的连接较已发现的各宋代古船有显著的技术进步。最能引人注意的是，外板板列的端接缝，均选在横舱壁处（见图 5-5），以舱壁对外板板列的强力支撑来增强接缝处的连接强度。特别是采用了带凸凹榫

① 席龙飞，何国卫.对宁波古船的研究［J］.武汉水运工程学院学报，1981（2）：27.

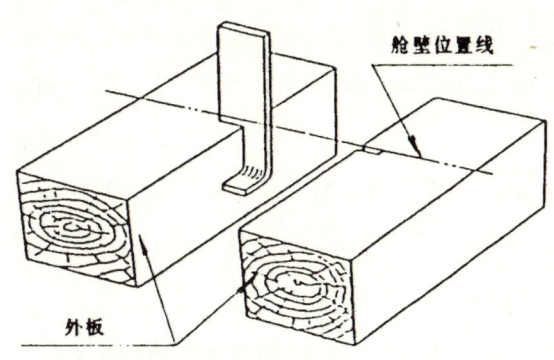

图5-8 蓬莱古船舱壁板的定位锔钉

头的钩子同口连接（图5-9），以尽量减少端缝处在连接强度上的削弱。

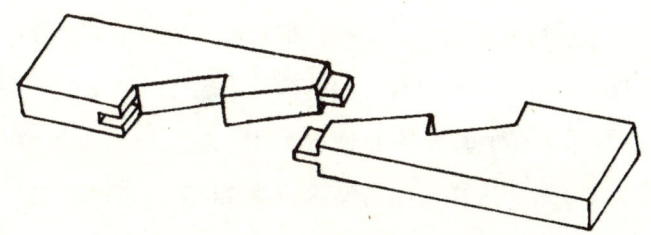

图5-9 蓬莱古船的外板采用带凸凹榫头的钩子同口连接

（5）桅座：桅座用楠木制成。前桅座紧贴在第2号舱壁板之前，长1.6米，宽460毫米，厚200毫米。前桅座上开有200毫米×200毫米的方形桅夹板孔，孔边最近距离为220毫米。主桅座紧贴在第7号舱壁板之前，长3.88米，宽540毫米，厚260毫米。中部有两个桅夹板方孔260毫米×260毫米，孔距320毫米（见图5-5）。桅座也是用铁钉与外壳板、舱壁板相钉连的。

（6）舵杆承座：舵杆承座板现存有3块，均用楠木制成。3块舵杆承座板叠压在一起，长2.43米，宽400毫米。承座板厚度，上面两块为100毫米，下面一块为260毫米。舵杆承座孔径约为300毫米。

4. 蓬莱一号古船的复原

前已述及，蓬莱古船为明代的海防刀鱼战船，其船型特征，源于浙江沿海的钓槽船①。如果考究其造船材料，则可发现多为南方优质木材：船壳板用杉木，桅座、舵杆承座用楠木，首柱、尾龙骨用樟木，主龙骨用松木，捻缝用的捻料则采用"麻丝、熟石灰、生桐油"②。因而许多研究人员认为该船为南方所建造。从船型特征看，蓬莱古船也与登州、庙岛群岛一带的方头方梢的船型大不相同。长岛县航海博物馆展出的许多原藏于该岛天妃宫内的船舶模型，与蓬莱古船大相径庭。据此，在复原时应多参照南方船型，例如浙、闽沿海船型的特点。

（1）关于古船主要尺度及型线的复原：在长度、宽度方面可采用顺势自然延伸的办法进行复原，只是船深较难确定。依据现有诸舱壁的型线顺势画出其延长线，再结合本船首柱顶端约高出船底线 2 米这一点，试取吃水为 1.8 米，再采纳杨槱教授的干舷大致取船长的 2.5% 的见解③，本船的干舷大约应为 0.8 米。这样古船的型深应为 2.6 米。这一数据与福建省的丹阳船相当。据此所复原的型线图如图 5-10 所示。古船的主要尺度是：总长 32.2 米，垂线间长 28 米，型宽 6 米，型深 2.6 米，吃水 1.8 米。经计算，方形系数为 0.56，其满载排水量为 173.5 吨。

（2）关于船体横剖面结构的复原：参照《明史·兵志》关于"下实土石"和"中为寝处"的记载，舱壁上的凹槽可以认为是放置纵向桁材（梁木）之用。纵桁之上铺以木铺板，作为"寝处"和供士兵活动的处所。中国的战船在船底之上铺以木板的传统由来已久，至少可上溯到战国时期。

① 辛元欧. 蓬莱水城出土古船考［C］//蓬莱古船与登州古港. 大连：大连海运学院出版社，1989：69.

② 顿贺，袁晓春，罗世恒. 蓬莱古船的结构及建造工艺特点［J］. 武汉造船，1994（1）：27.

③ 杨槱. 对泉州湾宋代海船复原的几点看法［J］. 海交史研究，1982（4）：34.

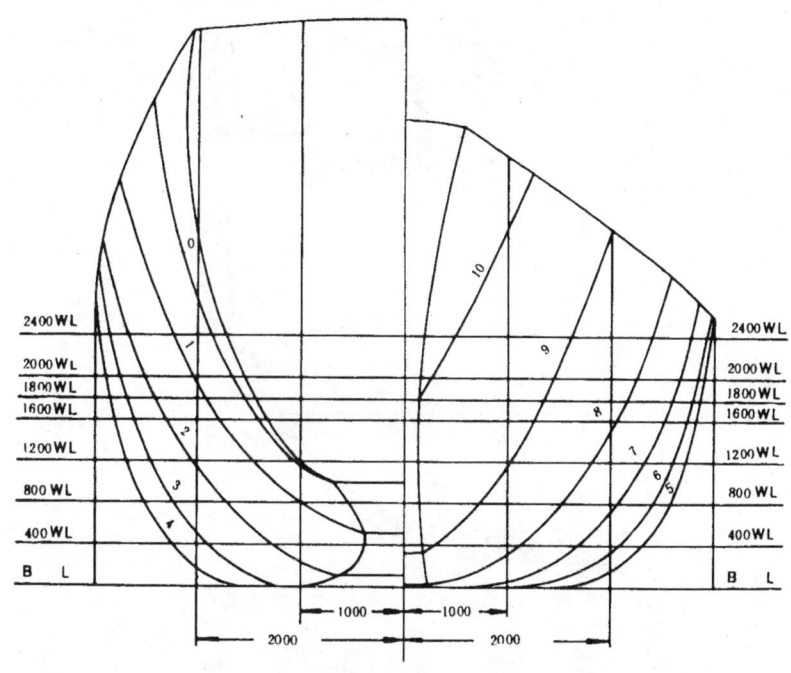

图5–10　经复原的蓬莱古船横剖型线图

例如战国传世的宴乐渔猎攻战纹铜壶，其船底有两道线，顶上的线即代表木铺板[①]。蓬莱古船长宽比很大而船宽偏小，舱底填以土石对保证船舶稳性则是十分必要的。

在船中剖面结构图（图5–11）中，采用原木的半剖面构成对纵总强度极有效的强力构件，名之为大擸。

复原的结构图中取较大的梁拱，贵在可以使舱内有较大空间，并可以排出波浪涌来的积水。其上的平甲板可充作战场，这也是与前引《明史·兵志》相符合的。

（3）关于桅、帆及总体布置的复原：借用《福建省木帆船船型资料汇编》中关于桅高与水线长的比值以核算桅高。蓬莱古船船型修长，加一尾

---

① 刘敦愿.青铜器舟战图像小释［J］.文物天地，1988（2）：15.

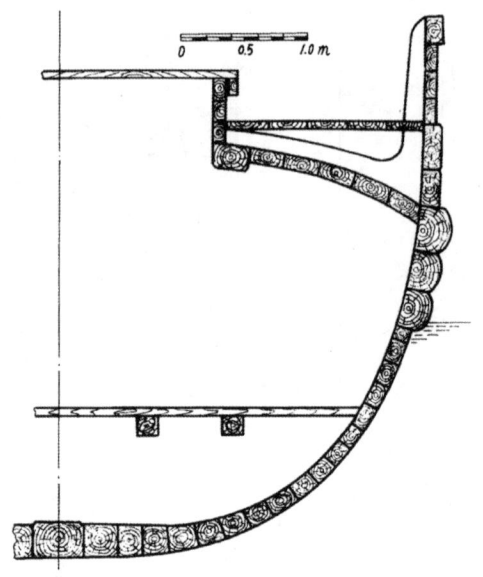

图5-11　蓬莱古船船中剖面结构图

帆以助舵是适宜的，这也与中国沿海船的法式相符合。帆装与船的总体布置图略如图 5-12 所示[①]。桅、帆、舵的尺寸均参照福建沿海帆船的资料选取：首桅长 21.45 米、头径 350 毫米、前倾 25°、帆面积 96 平方米；主桅长 26.72 米、头径 540 毫米、后倾 1°、帆面积 229.5 平方米；尾桅长 12.5 米、头径 200 毫米、后倾 1°、帆面积 31.2 平方米；舵叶长 4.3 米、宽 1.75 米、舵面积 7.525 平方米、舵面积系数 14.9%。

二、浙江象山明代海船的发掘与研究

1.浙江象山船的发掘及初步报告

1994 年，浙江省宁波市象山县涂茨镇后七埠村平岩头砖瓦厂在取土时发现一艘古代海船。1995 年 12 月 9 日至 28 日，考古工作者对古船进行了

---

① 席龙飞，顿贺.蓬莱古船及其复原研究［C］//蓬莱古船与登州古港.大连：大连海运学院出版社，1989：56.

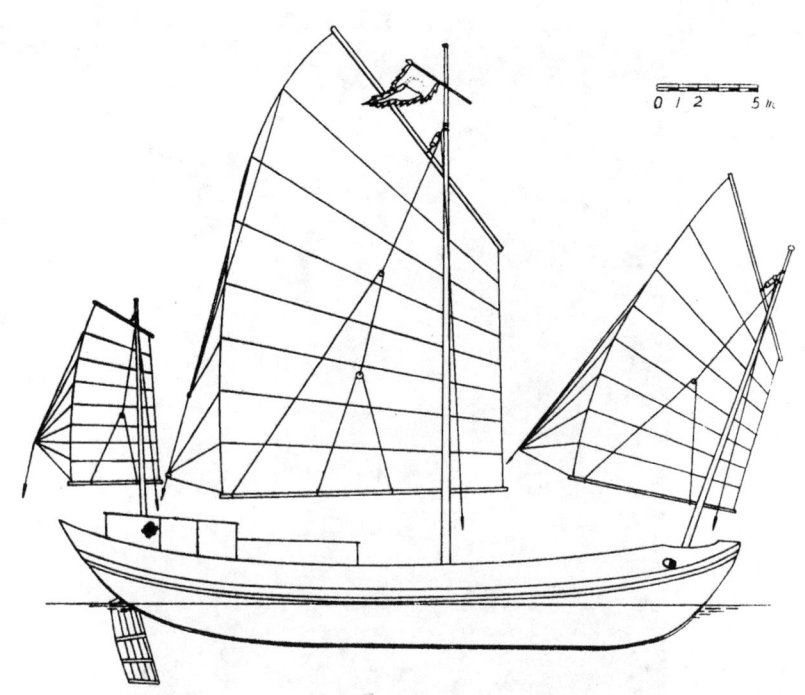

图5-12　蓬莱一号古船总布置及帆装图

抢救性发掘。象山船出土现场如图 5-13 所示。

　　浙江省文物工作者在 1998 年《考古》第 3 期发表了初步报告，其要点如下：木船残长 23.7 米，残宽 4.9 米，龙骨线微向上弯曲，挠度约为 0.1 米；船舶龙骨的尺寸虽不突出，但仍较其他外板的尺寸大；在第 1 至第 3 号舱壁处和在第 9 至第 11 号舱壁处各有长度为 3.25 米和 4.1 米的补强材。①报告中虽然没有提到，但可以肯定，第 2 号舱壁处是龙骨与首柱的接头，第 10 号舱壁处是主龙骨与尾龙骨的接头。正是由于要保证龙骨接头部位的强度才设置龙骨的补强材。该补强材用的是杉木。

---

① 宁波市文物考古研究所，象山县文管会．浙江象山县明代海船的清理［J］．考古，1998（3）：33-34.

图5-13　浙江象山明代海船出土现场

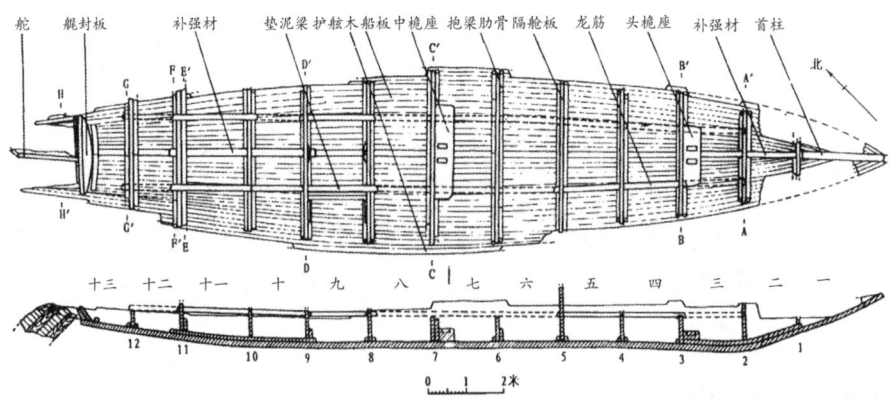

图5-14　浙江象山古船平面及纵剖面图（采自《考古》1998年第3期）

　　全船由 12 道舱壁将船体分成 13 个船舱。舱壁与船体外板交界处都置有舱壁肋骨并用铁钉固定。舱壁与船舶肋骨在靠近船底处开有两个流水孔。设流水孔是为了便于排除舱底积水，如用木塞堵上，又可保证船舶的水密性。

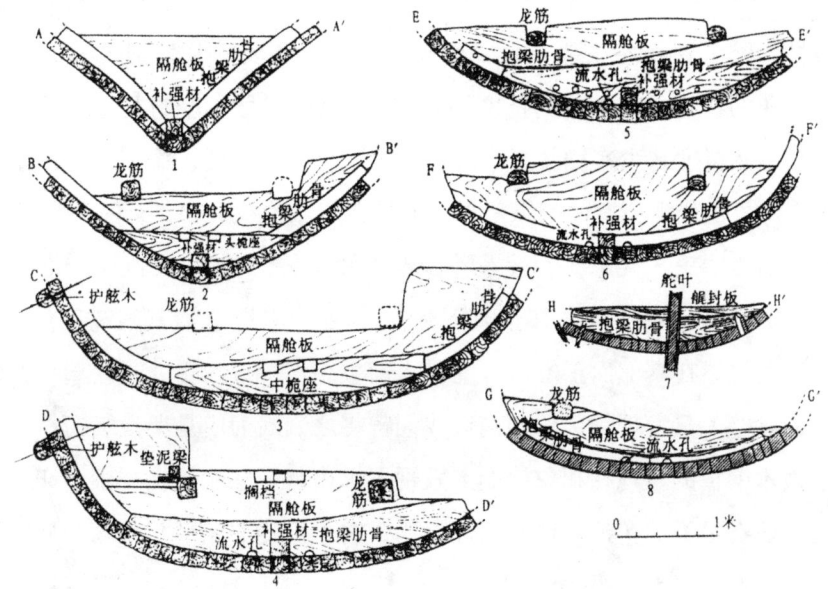

图5-15　浙江象山古船的诸舱壁测绘图（采自《考古》1998年第3期）

　　船舶横剖面在首部呈 V 形，中部为圆弧形，在近尾部其圆弧则趋于平坦。

　　象山古船在第 3、第 7 号舱壁之前各设有首桅座和主桅座，都用樟木制成。桅座上都有桅夹板孔。

　　在部分舱内发现有压舱石、长方砖、筒瓦、板瓦等。其中压舱石在第 3、第 4 号舱数量最多，多数是直径为 10—20 厘米的卵石，也有较大的石块。

　　在象山古船发现，从第 2 号舱壁起，一直到第 12 号舱壁，都设有两

道纵向桁材。纵桁材用杉木制成，呈圆角方形，断面宽为 18—20 厘米，高为 14—20 厘米。在第 4、5、9、10、11 号舱的纵桁材保存较好，其他舱的已残缺，只在舱壁板上遗留有孔槽。

2. 对浙江象山明代海船的基本分析

宁波的文物工作者已经断定象山船与蓬莱一号古船在船舶形制上具有相似性。除上述一些主要特征具有相似性外，两船的龙骨型线都具有微向上弯曲的特点。象山船的挠度约 0.1 米，蓬莱一号古船的龙骨也呈曲线形，只是其挠度缺少实测数据。两船还有一个相同之处，蓬莱一号古船虽然没有像象山船那样有两列纵桁材，但是在船舶舱壁上却留有两列凹槽。

正如《明史·兵志》在述及苍山船时写道："其制上下三层，下实土石，上为战场，中寝处。其张帆下碇，皆在上层。"这离基线高度约为 1 米的纵桁材，在其上面正好可以铺设木铺板用作士兵的寝处。在蓬莱一号古船的舱壁上只发现预留的凹槽，我们曾将之判断为应是架设纵桁材，用以铺设木铺板的。现在在象山船上发现了纵桁材，在舱底发现很多卵石，也是压舱石之类的实证。这些实证说明，这象山船的船型与蓬莱一号古船相类似，也应当是战船。

如图 5-15 所示，在距离船底约 1.2 米处有宽为 18—20 厘米，厚为 16 厘米，残长为 5.8 米的木构件，紧贴在外板上，其外端呈圆形，在初步报告中被称为"护舷木"。如图 5-16 所示，该构件在船体上的高度只有 1.2 米，显然是经常处于水线之下；且该木构件的中心线大约与水平线成 40° 角。笔者分析研究认为：该木构件不是"护舷木"，倒是因为有阻梗船舶摇摆的作用，很可能是"梗水木"，此种有减摇作用的"梗水木"，在宁波出土的宋代海船中曾出现过。现在通常称"梗水木"为减摇龙骨，或舭龙骨。在象山船上出现"梗水木"，其减摇作用明显，这当是象山船最为重要的发现之一。

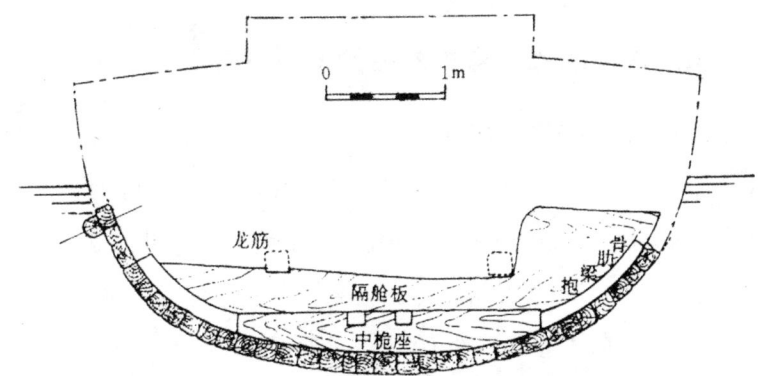

图5-16　以象山船第7号舱壁对宽度和深度的复原设想

依据《考古》1998 年第 3 期给出的船舶测绘图，将首柱和艉封板顺势延长，在设定为 1.6 米的吃水线上，可获得该（残长为 23.7 米的）古船水线长为 22.4 米。依次获得象山船主要尺度复原值如下表。

表5-1　象山船主要要素复原值与蓬莱一号古船的对比

船型	排水量（吨）	总长（米）	水线长（米）	宽（米）	水线宽（米）	船深（米）	吃水（米）	宽/深	宽/吃水	长/宽
象山船	107	27.6	22.4	5.34	5.2	2.4	1.6	2.23	3.34	5.17
蓬莱一号古船	173.5	32.2	28	6	5.7	2.6	1.8	2.31	3.33	5.37

由表中数据可以看出，象山船的诸尺度比与蓬莱一号古船十分相近，这当是两船极为相近的实证。

象山船与蓬莱一号古船在构造和用材方面有一些差异。象山船外板板列多而用材的断面尺寸较小，舱壁板用材也欠规整。外板板列的接头采用极简单的平面同口。就施工的精细程度而论也逊于蓬莱一号古船。由此点推断，象山船或可能是民间制造的民用船，而非官办造船厂制造的战船，虽然它仍是刀鱼船的船型。

三、山东蓬莱明代二号古战船的发掘与研究

1984 年 6 月，在蓬莱水城清理出蓬莱一号古船的同时，还发现另外两艘古船。当时限于条件来不及发掘。直到 2005 年 7 月至 11 月，才由山东省文物考古研究所、烟台市博物馆和蓬莱市文物局的考古人员组队进行正式发掘。蓬莱二号、三号古船底部比较完整，发掘现场如图 5-17 所示。照片上部为蓬莱三号古船，下部为蓬莱二号古船。

图5-17　蓬莱二号、三号古船出土现场

1. 蓬莱二号古船型与蓬莱一号古船、象山船船型相近

据顿贺等人的研究①，2005 年发掘的蓬莱二号古船，与 1984 年清理的蓬莱一号古船及 1994 年发掘的象山船，在船型上极为相近。图 5-18 为蓬莱二号古船的测绘图。

---

① 顿贺，席龙飞，龚昌奇，等.蓬莱二号古船结构特征及其复原研究［C］// 席龙飞，蔡薇.蓬莱古船国际学术研讨会文集.武汉：长江出版社，2009：236-246.

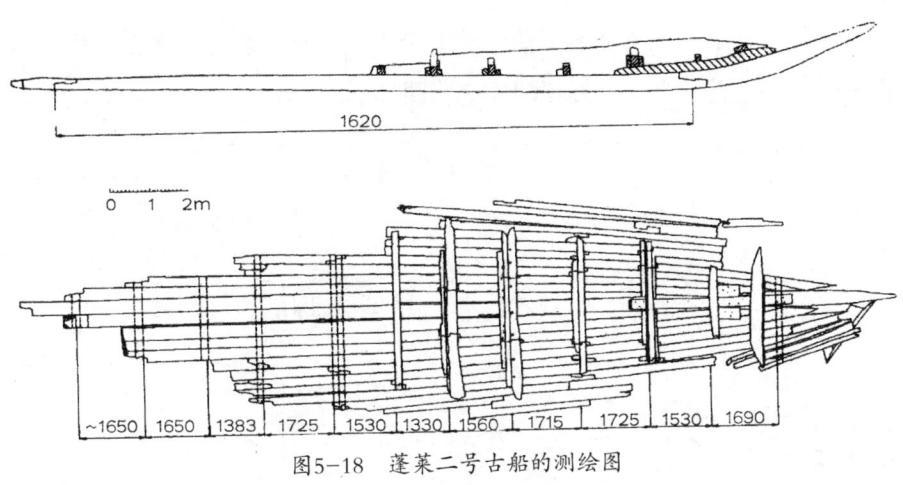

図5-18　蓬莱二号古船的测绘图

二号船的主龙骨中部明显向上拱起，此种龙骨向上拱起的形式在蓬莱一号古船和其他出土古船上也有发现。

蓬莱一号古船主龙骨与首柱、龙骨翼板的连接，有如图5-19的形式。

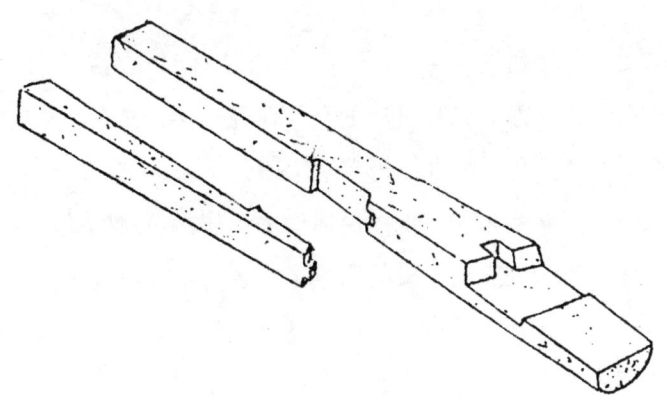

图5-19　蓬莱一号古船主龙骨与首柱、龙骨翼板的连接

蓬莱二号古船主龙骨与首柱的连接采用钩子同口，其钩榫形式更为精巧。在与首柱连接处制有高30毫米、厚30毫米水平方向横通榫，使首柱与主龙骨连接部位不至于产生上下方向的位移。其连接部位除用铁钉钉固

外，还加有铁箍，上方还有纵跨两舱的补强材，补强材为榆木。蓬莱二号古船主龙骨与首柱、龙骨翼板的连接如图 5-20 所示。

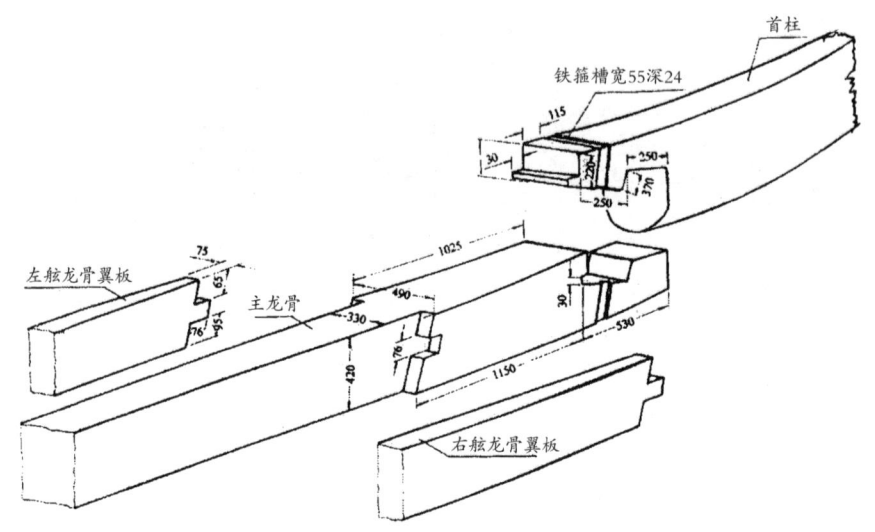

图5-20　蓬莱二号古船主龙骨与首柱、龙骨翼板的连接

2. 蓬莱二号古船的复原

顿贺教授等人对蓬莱二号古船的复原研究结果，载于《蓬莱古船国际学术研讨会文集》。在一次古船研究学术研讨会上，笔者在讨论船舶的尾部上层建筑时，以众多古船实例，论述增加上层建筑对船舶操纵性的不利影响，以及在恶劣天气靠离码头的困难，笔者力主减小或不设上层建筑的意见。笔者以为：蓬莱二号古船既然与蓬莱一号古船相近，不若按照蓬莱一号古船的格局（图 5-12）来复原蓬莱二号古船。

四、南京明宝船厂遗址的考古发掘成果

1957 年，在南京市城西邻长江边的宝船厂遗址，发现大型舵杆一根，长 11.07 米。"舵杆上部断面接近方形，中段呈圆柱形，下段自 6 米多之处有趋向扁阔。舵杆上端有两个长方形穿孔，均可安装舵牙——操舵之木

柄（按：舵柄）。舵杆下端扁阔部位有楔槽，高 6.035 米，乃安装舵叶之处。此舵杆当属郑和船队较大海船之遗物。"①（图 5-21）

图5-21　长度为11.07米的大型舵杆（现藏于中国国家博物馆）

　　早在 20 世纪 60 年代，中国科学院自然科学史研究所的学者曾将此舵杆按郑和宝船尺度复原成沙船型的荷包舵，工作做得相当深入细致。然而，上海交通大学一位学者提出质疑：舵面积如此之大，其舵柄恐怕过于细小而难以胜任。笔者以为还是"此舵杆当属郑和船队较大海船之遗物"的结论较为妥当。如若复原，也应当按照远海海船舵的特点进行复原为宜。

　　为纪念郑和下西洋 600 周年，经国家文物局批准，自 2003 年 8 月起对南京宝船厂遗址的六作塘进行考古发掘，出土文物极丰。在众多的出土文物中，以两根大型舵杆尤为引人关注。

　　舵杆 1 长度为 10.06 米，舵杆 2 长度为 10.925 米，两者的形制又十分相近。图 5-22 是长度为 10.925 米的舵杆 2 出土现场的照片，图 5-23 为

① 中国国家博物馆.云帆万里照重洋——纪念郑和下西洋六百周年［M］.北京：中国社会科学出版社，2005：73.

该舵杆的测绘图。

图5-22　长度为10.925米舵杆2出土现场

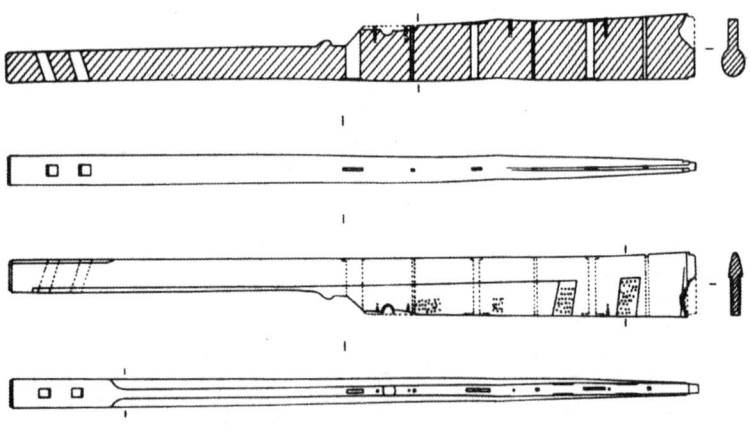

图5-23　长度为10.925米舵杆2测绘详图

　　长度为10.925米的舵杆2，"上段为方柱体的头部，长1.58米，截面为0.4米×0.43米，四边棱磨成圆角……该段侧面有两个斜打的长方形穿孔，用于安装和升降‘舵牙’……中段为圆柱体的舵身，长3.8米，直径为0.34—0.4米……下段为舵尾部，长5.55米。上半部接中段的舵身，近于圆柱体，向下形状从圆形到扁圆形，直到扁平状。宽度逐渐加大。其上端有一个近于半圆形的缺口"①。

上述半圆形缺口实际上是一个圆孔，用绳索穿过圆孔再通过绞关可以控制舵叶的升降。中国古船的舵叶可以升降既是一个特点，也是一个优点。在浅水区域将舵叶升起可以使舵叶获得保护，在深水区域将舵叶降下可以提高舵效并有抗横向漂移的功能。

如图5-23所示，舵杆2的下段是安装舵叶部分。该部分自上至下共有6个垂直横穿舵杆的穿孔。其中第1、第3、第5是横穿扁铁条的，而第2、第4、第6是横穿圆铁条的。舵叶与舵杆之间不仅用扁铁和圆铁洞穿，舵叶两侧至少还用4条横向木板条钉牢作为加强筋，在舵杆上共有4处有密集的钉眼就是明证。如此看来明代船舵的制造工艺已是十分了得。

在宝船厂遗址发现的舵杆很可能是宝船的遗物。不过，按照刘义杰《明代南京造船厂探微》一文的研究，宝船厂的位置与同是兵部管辖的快船厂是相重叠的。该文认为："宝船厂即便不是快船厂，也应该就在快船厂区域内。由于这个船厂造船活动终明一朝，持续200多年，所以在今天的‘宝船厂遗址’上才能发掘出如此丰富的船只构件和其他相关物品。"②

当宝船厂停止建造船舶之后，快船厂仍在继续造船，且持续若干年。刘义杰的这一观点值得引起重视并继续深入研究。

---

① 南京市博物馆.宝船厂遗址——南京明宝船厂六作塘考古报告［M］.北京：文物出版社，2006：114-115.

② 刘义杰.明代南京宝船厂探微［J］.海交史研究，2010（1）：37-38.

第三节　明代船舶专著

与宋元时代相比较，明代曾有多种有关船舶、船厂的著作问世。这些著作，对船舶的形制及其法式，叙述较为细致、深入，而且多是图文并茂。对船舶的生产量及用料、用工、造价等记述颇为详尽。对船厂的生产管理也有述及。从这些文献可以看出明代的船舶技术较前代又有长足的进步。现简述其要者以考察明代船舶的技术成就。

一、《天工开物》

《天工开物》由明代宋应星撰成并刊刻于崇祯丁丑（1637）。其中"舟车"卷记有："凡舟古名百千，今名亦百千，或以形名（如海鳅、江鳊、山梭之类），或以量名（载物之数），或以质名（各色木料），不可殚述。"

《天工开物》所提出的三种分类方法尚不够全面。按其原则还可以产地分类、以航区分类。《明史·职官志》则有按舟船的用途进行分类的叙述："凡舟车之制：曰黄船，以供御用；曰遮洋船，以转漕于海；曰浅船，以转漕于河；曰马船、曰风快船，以供送官物；曰备倭船、曰战船，以御寇贼。"

《天工开物》绘有漕舫图（图5-24）并记有："凡京师为军民集区，万国水运以供储，漕舫所由兴也。元朝混一，以燕京为大都，南方运道由苏州刘家港、海门黄连沙开洋，直抵天津，制度用遮洋船。永乐间因之以风涛多险，后改漕运。平江伯陈某始造平底浅船，则今粮船之制也。"
关于桅、锚还记有："凡舟身将十丈者，立桅必两"，"凡铁锚所以沉水系
舟，一粮船计用五六锚，最雄者曰看家锚，重五百斤内外，其余头用二
枝，梢用二枝。凡中流遇逆风不可去又不可泊，则下锚沉水底，其所系緪
缠绕将军柱上，锚爪一遇泥沙扣底抓住，十分危急则下看家锚"。

图5-24 《天工开物》所绘漕舫图

图5-25 漕舫船模型（采自嘉兴船文化博物馆）

《天工开物》"舟车"卷中讲述到锚的应用,"锤锻"卷和"冶铸"卷中还讲述到四爪铁锚的锻造工艺和锚爪的焊接工艺。由之可见,在明代制造和应用四爪铁锚的技术已十分成熟。

《天工开物》"锤锻"卷绘有锤锚图(图5-26)并记有:"凡舟行遇风难泊,则全身系命于锚,战船、海船有重千钧者。锤法先成四爪,以次逐节接身。其三百斤以内者用径尺阔砧,安顿炉旁,当其两端皆红,掀去炉炭,铁包木棍夹持上砧。若千斤内外者则架木为棚,多人立其上共持铁链,两接锚身。其末皆带巨铁圈链套,提起掀转,咸力锤合。……盖炉锤之中,此物其最巨者。"

图5-26 《天工开物》所绘锤锚图

在锤锻焊接铁件时，通常还要加焊剂。在"锤锻"卷中记有："凡焊铁之法，西洋诸国别有奇药（焊剂）。中华小焊用白铜末，大焊则竭力挥锤而强合之，历岁之久终不可坚。故大炮西番有锻成者，中国惟恃冶铸也。"

"凡铁性逐节粘合，涂上黄泥于接口之上，入火挥槌，泥滓成枵而去，取其神气为媒合，胶结之后，非灼红斧斩，永不可断也。"

在锻接锚时，《天工开物》又强调焊剂不用黄泥而是用"陈久壁土"，这可能是长期实践的经验之谈。文曰："合药不用黄泥，先取陈久壁土筛细，一人频撒接口之中，浑合方无微罅。"

南宋周密所撰《癸辛杂识》就说到锚，且锚有四爪，但把锚字写作"猫"。后世清代的官府海运档案汇编《江苏海运全案》上也说："大樯之前有舟牙焉，所以起猫也。"如此说来，"猫"倒是本字。这或许是最初把这种四爪的泊船工具类比作猫，当猫被普遍使用之后，才既保持其原音又根据材质是金属这一特点，创造出一个"锚"字。撰纂于清康熙五十五年（1716）的《康熙字典》收有"锚"字，其解释为"船上铁猫曰锚"。由之可见"锚"字的应用已为时不短并相当广泛。

"四爪锚是中国独创的系泊工具。四爪锚必有两爪同时抓泥，这是它的优点，因而被外国船舶所引用。这种锚，日本叫做'唐人锚'。流传到西方时，这个被称作'猫'的船舶属具连同它的名称，也传到西方。例如在英文中，吊锚杆叫作'cat-davit'，起锚滑车叫作'cat-block'，'cat'就是猫，也是锚。德文'katzenker'是猫锚，即四爪锚。俄文'кошка'，既是猫，也是四爪锚。西方也猫、锚通用，透露着中国四爪锚向外传播的信息。"[1]

"1978年，广州六榕路铁局巷发现明代四爪锚，现藏于广州市博物

---

① 章巽．中国航海科技史［M］．北京：海洋出版社，1991：95．

馆，高3.4米，反映了明代（的广州）造船具有很高的水平。"①

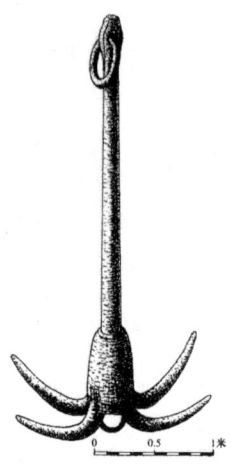

0   0.5   1米

图5-27   藏于广州市博物馆的明代四爪锚

《天工开物》在"杂舟"一节中记载了江汉课船、三吴浪船、东浙西安船、福建清流船及梢篷船、四川八橹船、黄河满篷梢、广东黑楼船及盐船、黄河秦船等。这些船航域不同，各有特色，书中的讲述颇言简意赅。有些船是其他文献所少见的。

二、《南船纪》《龙江船厂志》与《漕船志》

《南船纪》为明代沈启撰，成书于嘉靖二十年（1541）。沈启曾任南京工部营缮清吏司主事，曾主持龙江船厂多年。他以实际经历和诸多数据撰成此书，共四卷。第一卷篇幅最大，历数龙江船厂所承造的20余类船舶的图式、构造名称及尺寸；第二卷为各卫、所应备船舶数量；第三卷记述都水司、提举司的组成及人员；第四卷记述各型船舶的用料、用工和船价。

---

①   广东省地方史志编纂委员会．广东省志：船舶工业志［M］．广州：广东人民出版社，2000：43.

《南船纪》卷一所载预备大黄船，是供皇帝出巡时专用的座船。古代黄色是皇室独用的颜色，以显示皇权的尊贵。它常年停泊在通州备用。虽多年未必动用一次，但也必须轮番修造，以备不时之需。这就是在黄船前加"预备"二字的原因。《龙江船厂志》上说它是"国朝御用之船，以石黄涂其外，梢上有亭如殿，故名水殿"，也称"水殿黄船"。

图5-28　预备大黄船图

《龙江船厂志》为明代李昭祥撰，成书于明嘉靖年间，共八卷。明代于南京三汊河设龙江船厂，李昭祥为该厂后期主事人，李以其亲身经历写成此书。书中附有该厂全貌布置图。

《龙江船厂志》卷二为《舟楫志》，记载明代船舶类型及其结构和造船所需物料、人工计算规定；卷四为《建置志》，记述龙江船厂规模；卷八为《文献志》，记述自刳木为舟以来历代船舶沿革。其他各卷，分别记述船厂组织、管理制度等。纲目相属，先后有序，系统地记述了我国船舶发展概况和古代船厂的管理规程。

《龙江船厂志》所记内容难免与其他文献有所交叉或重复，如《南船

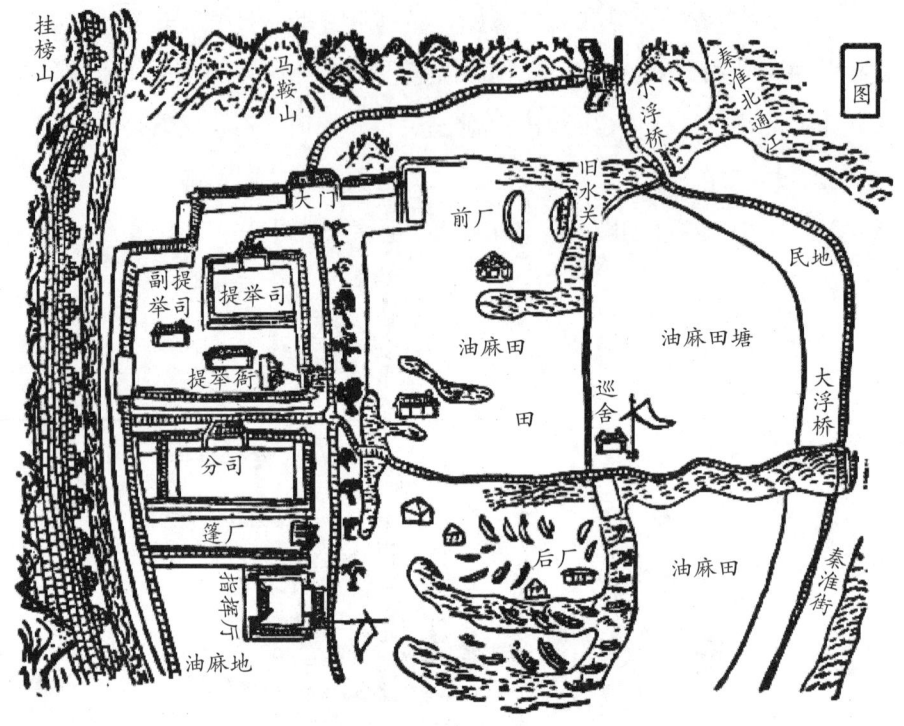

图5-29　明代龙江船厂图

纪》中的预备大黄船，在此书中也称"水殿黄船"。《明史·职官志》中有马船、风快船，以供送官物。《大明会典》中有"马快船"条，说原是"以备水军进征之用"。"既建都北京，遂专以运送郊庙香帛，上供物品，军需器仗及听候差遣，但属南京兵部掌握，轮流差拨。"此书也记载了将马快船改为皇家专用供船的事。据所运物品的种类来看，马快船又像是《南船纪》中所记的大小两种黄船。

《漕船志》为明代席书编撰，后经朱家相增修。席、朱二人多年从事漕运，并先后主持清江船厂（在今江苏淮安市）。这是以其亲身经历撰写的关于漕船和船厂的专著。书中记述了明代清江船厂与卫河船厂（在今山东临清市）这两个专造漕船工厂（后二厂合并为一）的历史沿革与生产情况。书中也记有历代漕运管理。

据《漕船志》，各区段漕船总数为 11839 艘，与《明史·食货志》所记"运船之数，永乐至景泰，大小无定，为数至多。天顺以后，定船万一千七百七十"之数，只相差 69 艘。这说明《漕船志》所记漕船数，与《明史》所记基本相符。

三、《筹海图编》与《武备志》

《筹海图编》有题"明少保新安胡宗宪辑，曾孙庠生胡维极重校"的版本。据研究认为，此书实出自胡之幕僚郑若曾（开阳）之手。然其体裁多由邵芳参划，遂相与商订成书。全书共 13 卷，约 70 万言，书成于嘉靖年间。主要记述嘉靖时抵御倭寇事略，上溯追述明代前和明初中日交通情况。书中附有沿海布防形势图及战船、武器详图。其对船舶的记述和所附船图虽可新人耳目，但与稍后出书的《武备志》相比，并不出色。在此着重介绍《武备志》对船舶的阐述。

《武备志》为明代茅元仪撰，成书于天启元年（1621），共 240 卷。茅元仪之祖茅坤，曾任职兵部，做过胡宗宪的幕僚，熟悉海防。茅元仪出身将门，并曾亲历战阵，讲求韬略，博采历代兵书 2000 余种，经 15 年辑成此书，约 200 万言。应当说这是阐述古代水陆军事装备的专著，对河漕、海运、海防、江防及航海也有论述。其中第 116 及第 117 两卷，以图文对照详述各型各类战船的特点及其应用。其第 240 卷为《自宝船厂开船从龙江关出水直抵外国诸番图》，即《郑和航海图》。

《武备志》中对前朝早已有之的游艇、蒙冲、楼船、走舸、斗舰、海鹘船等均有详述，兹不赘言。现将其他各型各类战船及船舶分述如下。

1. 广东船

"广东船两旁搭架摇橹，风篷札制俱与福船不同。"（图 5-30）

2. 新会县尖尾船及东莞县大头船

此两船只是广东船的一种变型。（图5-31、图5-32）

"广船，视福船尤大，其坚致亦远过之。盖广船乃铁力木所造，福船不过松杉之类而已。二船在海若相冲击，福船即碎，不能挡铁力之坚也。倭夷造船亦用松杉之类，不敢与广船相冲。广船若坏须用铁力木修理，难于其继。且其制下窄上宽，状若两翼，在里海则稳，在外海则动摇，此广船之利弊也。"

图5-30　广东船图

3. 大福船

"福船一号吃水太深，起止迟重，惟二号船今常用之。福船高大如楼，可容百人。其底尖，其上阔，其首昂而口张，其尾高耸。设楼三重于上，其旁皆护板，护以茅竹，坚立如垣。其帆桅二道，中为四层，最下层

图5-31 新会县尖尾船图

图5-32 东莞县大头船图

不可居，惟实土石，以防轻飘之患。第二层乃兵士寝息之所，地柜隐之，须从上蹑梯而下。第三层左右各设木桩，系以棕缆，下碇起碇皆于此层用力。最上一层如露台，须从第三层穴梯而上。两旁板翼如栏，人倚之以攻敌，矢石火炮皆俯瞰而发。敌舟小者相遇则犁沉之，而敌又难于仰攻，诚海战之利器也。但能行于顺风顺潮，回翔不便，亦不能逼岸而泊，须假哨船接渡而后可。

"戚继光云：福船高大如城，非人力可驱，全仗风势，倭船自来矮小，如我之小苍船，故福船乘风下压，如车碾螳螂。斗船力而不斗人力，是以每每取胜。设使贼船亦如我福船之大，则吾未见其必济之策也。但吃水一丈一二尺，惟利大洋。不然多胶于浅，无风不可使。是以贼船一入里海，沿浅而行，则福船为无为矣，故有海沧（船）之设。"

图5-33　大福船图

《武备志》接着写道："按福建船有六号：一号、二号俱名福船，三号哨船，四号冬船，五号鸟船，六号快船。势力雄大，便于冲犁。哨船、冬船便于攻战追击，鸟船、快船能狎风涛，便于哨探或捞首级。大小兼用俱不可废。

"草撇船即福船之小者。

"冬船与哨船同，特两旁不钉竹披耳。

"戚继光云：海沧稍小福船耳，吃水七八尺，风小亦可动，但其功力皆非福船比。设贼船大而相拼，我舟非人力十分胆勇死斗，不可胜也。二项船皆只可犁沉贼舟，而不能捞取首级，故又有苍船之设。"

图5-34　哨船（草撇船）图

4. 开浪船

"即鸟船，特今不用桨。快船与鸟船亦同而差小耳。

"戚继光云：开浪以其头尖，故名。吃水三四尺，四桨一橹，其形如

图5-35　冬船（海沧船）图

飞。内可容三五十人，不拘风潮顺逆者也。

　　"庄渭阳曰：广船不如福船，广船下狭上阔，不耐巨浪，又其上编竹为盖，遇火器则易燃，不如福船上有战棚，御敌尤便也。往年游击侯国弼改造福船，业有成效，今合酌用其制。底用广船式，上用福船面，庶足涉鲸波而销氛祲也。"

　　5. 叭喇唬船

　　"（以后船制出自浙直）叭喇唬船浙中多用之，福建之烽火门亦有其制。底尖面阔，首尾一样，底用龙骨，直透前后，阔约一丈，长约四丈，末有小官舱，舷面两旁各用长板一条，其兵士坐向后而擢桨，每边用桨十枝或八枝，其疾如飞，有风竖桅用布帆，桨斜向后，准作偏舵，亦能破浪，甚便追逐哨探，倭奴号曰软帆亦畏惮。"

图5-36　开浪船（鸟船）图

图5-37　叭喇唬船图

6. 艟䑸船

"戚继光云：近者改苍山船为艟䑸船，比苍山船尚大，比海沧船更小而无立壁，最为得其中制，遇倭舟或小或少皆可施功。"

图5-38　艟䑸船图

7. 苍山船

"首尾皆阔，帆橹兼用，风顺则扬帆，风息则荡橹。其橹设于船之两旁腰半以后，每旁五枝，每枝二跳，每跳二人。方橹之未用也，以板闸于跳上，常露跳头于外。其制以板隔三层，下层镇之以石，上一层为战场，中一层穴梯而下，卧榻在焉。其张帆下碇，皆在战场之处。船之两旁，俱饰以粉盖，卑隘于广、福船而阔于沙船者也。用之冲敌，颇便而健。温州人呼之为苍山铁。

"苍山船最小，旧时太平县地方捕鱼者多用之。海洋中遇贼战胜，遂以著名。殊不知彼时各渔人为命负极之势，亦由贼之入我地故也。今应官役，便知爱命。然此船水面上高不过五尺，就加上木打棚架，亦不过五

图5-39　苍山船图

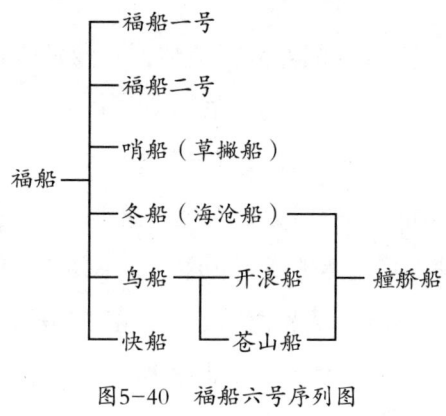

图5-40　福船六号序列图

尺。贼舟与之相等，既势均，不能冲犁。若使径逼贼舟，两艘相连，以短
兵斗力，我兵决非长策，多见误事。但若贼舟甚小，一入里海，我大福、
海沧等船不能入，必用苍山船以追之。此船吃水六七尺，与贼舟等耳。其
捞取首级，水潮中可以摇驰而快便，三色之中，又此为利。"

8. 八桨船

"八桨船但可供哨探之用，不能击贼。今闽、广、浙直皆有之。"

9. 渔船

"渔船于诸船中，制至小，材至简，工至约，而用为至重。何也？以之出海，每载三人，一人执布帆，一人执桨，一人执鸟咀铳。布帆轻捷，无垫没之虞，易进易退，随波上下，敌舟瞭望所不及，是以海上赖之取胜，擒贼者多其力焉。"

10. 鹰船（两头俱尖）

"崇明沙船可以接战，但上无壅蔽，火器矢石何以御之？不如鹰船，两头俱尖，不辨首尾，进退如飞。其旁皆茅竹密钉，如福船傍板之状。竹间设窗，可出铳箭。窗之内，船之外，隐人可荡桨。先用此舟冲敌入贼阵中，贼技不能却，沙船随后而进，短兵相接，战无不胜矣。鹰船、沙船乃相须之器也。"

11. 沙船

《筹海图编》记载："水战非乡兵所惯，乃沙民所宜，盖沙民生长海滨，习知水性，出入风涛如履平地，在直隶（指南京）、太仓、崇明、嘉定（今属上海市）有之。但沙船仅可于各港协守小洋出哨，若欲出赴马迹、陈钱等山必须用福、苍及广东、鸟尾等船。

"沙船能调戗使斗风，然惟便于北洋，而不便于南洋，盖北洋浅，南洋深也。沙船底平，不能破深水之大浪也。北洋有滚涂浪，福船、苍山船底尖，最畏此浪，沙船却不畏此。且北洋水浅，可抛铁锚，南洋水深，惟可下木碇。"

12. 鸟嘴船

"出温（州）、台（州）、松门（今浙江温岭县海滨）、海门（今浙江椒江）等处，船首形如鸟嘴，有风则篷，无风用橹，长四五尺，南人亦用捕鱼。"

四、《使琉球录》

明嘉靖十一年（1532），陈侃奉谕出使琉球对中山王世子尚清进行册封，为此第二年赴闽造船。嘉靖十三年（1534）三月舟始毕工，当年去还，归后写成此书。书中尽述使船的概况，关于桅、舵、锚、橹等细节和海上遇险折桅等情景，叙述尤为生动。

陈侃写道："其舟之形制，与江河间座船不同。座船上下适均，出入甚便，坐其中者，八窗玲珑、开爽明霁，真若浮屋然，不觉其为舟也。此则舱口与船面平，官舱亦止高二尺。深入其中，上下以梯，艰于出入。面虽启牖，亦若穴之隙。所以然者，海中风涛甚巨，高则冲，低则避也。放前后舱外，犹护以遮波板（今名舷墙），高四尺许，虽不雅于观美，而实可以济险。因地异制，造作之巧也。长一十五丈，阔二丈六尺，深一丈三尺，分为二十三舱。前后竖以五桅，大桅长七丈二尺，围六尺五寸，余者以次而短。舟后作黄屋二层，上安诏敕，尊君命也；中供天妃，顺民心也。舟之器具：舵用四副，用其一，置其三，防不虞也。橹用三十六枝，风微逆，或求以人力胜，备急用也。大铁锚四，约重五千斤，大棕索八，每条围尺许、长百丈。惟舟大，故运舟者不可得而小也。小艓船二，不用则载以行，用则藉以登岸也。水四十柜，海中惟甘泉为难得，勺水不以惠人，多备以防久泊也。通船以红布为围幔，五色旗大小三十余面。刀枪、弓箭之数，多多益办。佛郎机亦设二架，凡可以资戎事者，靡不周具，所以壮国威而寒外丑之胆也。"

该船的大桅是由五小木攒成，束以铁环，风浪中环断其一，遂有桅折帆倾之险。再就是陈侃认为：原舟用钉不足，捻麻不密，板连不固，隙缝皆开，乃有水进船舱之祸，以数十人引水，水仍不止。后来还是速找隙缝而塞之，方保无虞。鉴于航海的危险，出航前皆有万全之策。如清康熙三年（1664）张学礼在《使琉球纪》中写道："前朝旧例，封舟出海，恐漂

图5-41　出使琉球的封舟图

流别岛不能复回，随带耕种之具。"

　　陈侃之后，明代出使琉球还有4次，到清代则更频繁。赴琉球的使船封舟，由礼部负责，指派福建当地官员具体施工。船厂就设在福建闽侯县闽江中叫作南台的小岛上①。使船的送迎仪式也在南台举行。陈侃写道："予等启行，三司诸君送至南台……南台距海百余里，大舟畏浅，必潮平而后行。"

　　美国学者斯万生（Bruce Swanson）曾撰成关于中国舰船史的著作《龙的第八次航程》，其中刊有封舟图（图5-41），对封舟的描绘细致全面，其形象与各文献所记颇多相合。如陈侃记有："舵叶亦坏，幸以铁梨木为柄，得独存舟之所恃以为命者。"张学礼的使船也曾折桅，舵的勒索（图中为肚勒）断，须易绳下舵。图中船尾设楼二层，设将台、神堂、针房（今名驾驶舱）等，也与文献所记一致。

_____

① 章巽. 中国航海科技史［M］. 北京：海洋出版社，1991：93.

明代为促进与琉球间的交流往来，朝廷曾下令"赐闽中舟工三十六户，以便贡使往来"（《明史·外国传》），这是将福建船匠的造船技术向海外传播交流的实绩。

五、《船政》及《船政新书》

《船政》，"续修四库全书影印本，收在第878册。刊印时间为嘉靖二十五年（1546）正月，主持修撰的为南京兵部车驾清吏司。不分卷，有目录。目录后刊有图式两幅，即'快船图样'和'平船图样'。与他书不同之处，图上各部分均在相应位置著录尺寸，可谓一目了然"。

修撰《船政》的目的在于革除成造、修造、大修、中修、小修工程中的积弊，为此，特在"快船图样"和"平船图样"这两幅图样中的相应部位著录尺寸。对造船所用材料诸如楠木、榆木、杉木、柏木、桐油、钉、锔、黄麻、苘麻、石灰等均有定数，对每种样船要开列清单。对所需匠作诸如大木匠、细木匠、捻匠、打灰搜钻帮工、搜船上岸下水用人、画匠以及该作工食，都有规定，都要详细列表呈报。《船政》一书中对每项都要有相应的案例，以便在成造、修造工程中有章可循。《船政》一书最大的特点是成书之后，"觅工勒石、刊书、给甲遵守施行"。在兵部大堂和船厂主事大堂，均有石刻的船政书。

《船政新书》，为明南京兵部车驾清吏司主事倪涷撰，《明史·艺文志》收录。刊刻于明万历十六年（1588），"书分四卷，前有明南京吏部尚书姜宝序，他认为《船政新书》对'南都之船政，无不理举，南都黄、马、快船之军甲，无不人得其所矣'。然则船政新书谓之船政全书可也。此书自谓新书，乃继承自该司四十二年前编修的《船政》，除无图件外，其他各型均较之《船政》有更详尽的补充。该书是否如兵部传统也勒石刊刻，立于部堂，未见记述。其第四卷'客问'一节，通过问答方式，对南京船舶制造、维修，航运制度、管理，人员顾募、征调等做了解答，确能起到造船百科全书的作用"①。

据《船政新书》记载，明代的南京共有 5 个船厂，现简述如下。

黄船厂：黄船厂任务如《船政新书》卷一所言，只管修造为皇家御用的大小黄船，所以在南京专设一黄船厂，如《南畿志》所言，黄船厂在南京城西。《船政新书》卷二有"黄船编审由兵科，修造由工部"。黄船厂的官员也与其他船厂有别，如《船政新书》卷四所言："黄船厂官，亦由该部（指南京工部）径自选补。"

造船厂和拨船厂：据《船政》记载，属南京兵部车驾清吏司管辖的有两个船厂，分别称造船厂和拨船厂。该两厂负责修造南京锦衣卫等四十卫的快船和平船。后来造船厂因主要建造马船，便被建议改称为马船厂。据《船政新书》卷一记载，万历十四年（1586）四月，经过皇帝审核批准，"除黄船厂照旧外，其拨船厂改为快船厂，造船厂改为马船厂。快船厂于锦衣卫等四十卫，拣选贤能掌印指挥一员带管；马船厂以江济二卫掌印官带管"。两厂其实是江淮、济川两个卫所的船厂。《船政新书》卷四记有："今马船厂为江淮船厂，快船厂为济川船厂。"据刘义杰研究："其所在可根据卫所推定。造船厂、拨船厂，或马船厂和快船厂，均隶属兵部，济川卫位于新江口，快船厂也就是明洪武时期最早设厂造船的新江口船厂。马船厂在天宁洲。"

龙江船厂：因为有一本《龙江船厂志》，该厂已广为人知。在前述《龙江船厂志》时对该厂已略有提及，兹不赘述。龙江船厂与龙江提举司均属南京工部营缮清吏司管辖，主事者常为一人，《龙江船厂志》作者李昭祥即为该厂主事。而前述造船厂（马船厂）、拨船厂（快船厂）则由南京兵部管辖。由于隶属关系不同，所以李昭祥在其书中并没有提及由兵部管辖的造船厂（马船厂）和拨船厂（快船厂）。

---

① 刘义杰.明代南京造船厂探微［J］.海交史研究，2010（1）：53.

　　宝船厂：20 世纪 60 年代，我国的船史学界多只知道有个龙江船厂。到 80 年代，宝船厂已经引起学界的注意。宝船厂与龙江船厂究竟是一个船厂还是两个船厂还在争论中。一直到南京市博物馆的南京明宝船厂六作塘考古报告《宝船厂遗址》由文物出版社于 2006 年出版之后，宝船厂与龙江船厂位置不同、任务不同、建设的年代也有先后，已是不争的事实。

　　根据刘义杰的研究："郑和宝船姑不论其大小，其形制实乃海船，制造与管理均归南京兵部。南京兵部有车驾清吏司（或船政分司）专门负责南京的海船建造，其管辖的造船厂之一拨船厂，即后来的快船厂……其地理位置当在新江口靠近长江岸边区域，也就是现在的六作塘遗址区域。由于郑和之后，宝船停造，快船厂继续建造其他各类海船。到嘉靖三年（1524）终止海运，停造海船，快船厂才停止诸如宝船类海船的建造，此时距李昭祥主事龙江船厂的时间也将过 40 多年，宝船厂才会'鞠为茂草'。这也解释了为何早于李昭祥的沈启在编写《南船纪》时仅记载'宝船厂匠二名'，而没有指出宝船厂荒废的问题，因为那时快船厂仍在建造遮洋船那样的海船，相关的船坞还在继续使用。《明英宗实录》记载，景泰元年（1450）九月，'修造遮洋船，乞于宝船厂见卸木料支用'。可见，在停止下西洋的 20 多年后，南京仍然保留有宝船厂的建制，船厂中仍然贮存有建造宝船的木料。景泰元年由于海漕的需要，才从宝船厂中支取木料造船。值得注意的是，从宝船厂支取木料所造的船只就是海漕用的遮洋船，也就是海船，海船向在快船厂建造，支取宝船厂木料建造遮洋船的任务应是拨船厂（快船厂），应该是就近支取，说明宝船厂即便不是快船厂，也应该就在快船厂区域内。由于这个船厂造船活动终明一朝，持续200 多年，所以在今天的'宝船厂遗址'上才能发掘出如此丰富的船只构件和其他相关物品。"①

---

① 刘义杰. 明代南京造船厂探微［J］. 海交史研究，2010（1）：37-38.

　　由于南京市博物馆的《宝船厂遗址——南京明宝船厂六作塘考古报告》于 2006 年由海洋出版社出版，关于在南京建造宝船的宝船厂似乎有了明确的结论。然而也有的学者对该报告提出质疑，刘义杰的《郑和宝船厂考》一文即为其一。该文指出："从稀有史料《南畿志》中，发现宝船厂与其他船厂均位于南京城西，再由其他史料佐证，说明宝船厂的地理位置应在南京城西三汊河（下新河）汇入长江的河口处。其重要的标志物是《郑和航海图》上的石城桥。"该文在结语的最后一段说："由于'六作塘'区域内有众多的船坞遗址留存，参照历史资料，笔者（刘义杰）认为六作塘遗址作为船厂遗址殆无异议，但不一定就是宝船厂遗址……"

第四节　中国古代的三大船型

中国古代的船型，到明代，或者说通过明代的文献，已经理得出清晰的条理。从前曾有人提出中国古代传统的船型可分为沙船、广船、福船、鸟船四大船型，其实，鸟船仅是福船派生的船型，还不能独树一帜。现将中国古代三大类传统的船型分述如下。

一、沙船

沙船是发源于长江口及崇明一带的方头方梢平底的浅吃水船型，多桅多帆，长与宽之比较大。因底平不怕沙浅，有"稍搁无碍"之效。"过去，多在上海附近的太仓浏河等地制造。在历史上以崇明为著。太仓、通州（今江苏南通）、海门、常熟、嘉定、江阴等处均有。道光年间上海有沙船5000艘。"①

沙船的历史渊源可追溯到南宋时期。《宋史·兵志》记有："南渡以后，江、淮皆为边境故也。建炎元年（1127），李纲请于沿江、淮、河帅府置水兵二军，要郡别置水兵一军，次要郡别置中军，招善舟楫者充，立军号曰凌波、楼船军，其战舰则有海鳅、水哨马、双车、得胜、十棹、大

---

① 周世德.中国沙船考略［C］//中国造船工程学会. 中国造船工程学会1962年年会论文集：第二分册.北京：国防工业出版社，1964：33.

飞、旗捷、防沙、平底、水飞马之名。"此防沙、平底似为沙船的祖式。

《大元海运记》中载：委张瑄、朱清"限六十日造平底海船六十只"，此平底海船盖为后世沙船的原型。

明嘉靖年间沈启所撰《南船纪》载有《二百料巡沙船图》并记有"所谓沙船像崇明三沙船式也"。于明嘉靖年间成书的《筹海图编》始有沙船的图文。

周世德在《中国沙船考略》中，实测并绘制了大型沙船的帆装图（图5-42）和结构图（图5-43）。该文认为："在主要尺度比值方面，古代沙船与现代沙船很相近。"表5-2列出四型沙船的主要尺度及其比值。

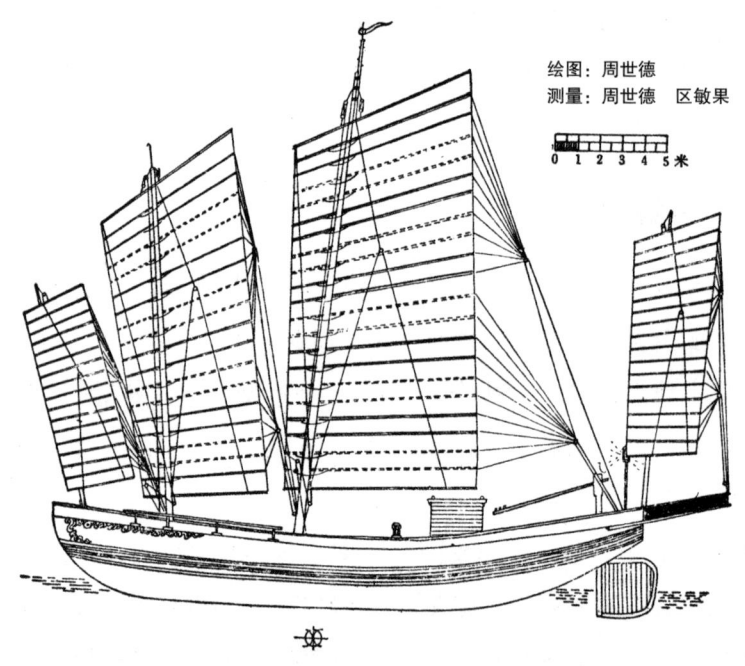

图5-42　大型沙船的帆装图

茅元仪的《武备志》记述了沙船的突出优点："沙船能调戗使斗风。"这是引自稍前出书的郑若曾撰的《筹海图编》。逆风行船必须走"之"字形的航迹。利用逆风行船时，帆除获推进力之外，还附带产生使船横向漂移的力。由于沙船吃水较浅，其抗横漂的能力有限，遂必须使用披水板，放在下风一侧，用时插入水中，以阻扼船横向漂移。图5-44所示沙船模型左舷所挂者即披水板。造船专家王世铨（公衡）认为"防止横漂的披水板也是中国首创"①。

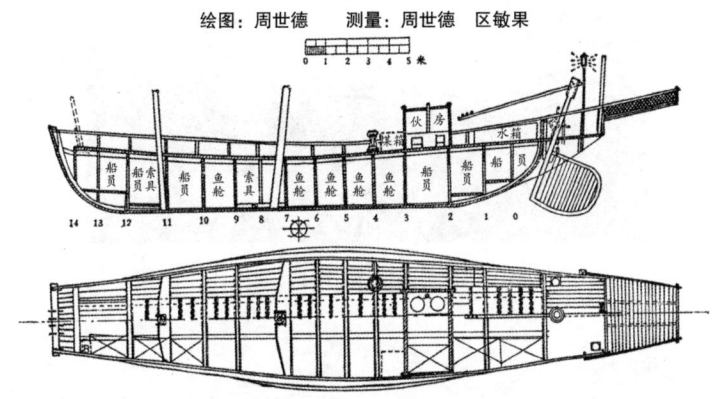

图5-43 大型沙船的结构图

表5-2 四型沙船的主要尺度及其比值

名　称	长L（米）	宽B（米）	深H（米）	吃水T（米）	L/B	L/H	B/T	H/T	L/T
大型沙船	22.25 30.12	5.78 6.62	2.5	1.6	3.85	8.9	3.61	1.56	13.91
中型沙船（一）	17 21	4.18 4.28	1.09	1	4.07	15.16	4.18	1.09	17
中型沙船（二）	14.75 19.4	4.05 4.3	1.03	0.7	3.64	14.32	5.79	1.47	21.07
小型沙船	13.81 14.16	2.7	1.08	1	5.11	12.79	2.7	1.08	13.81

注：长宽两栏内，下面的数字是总长和总宽。

---

① 王世铨.讨论周世德的《中国沙船考略》时的发言［C］//中国造船工程学会.中国造船工程学会1962年年会论文集：第二分册.北京：国防工业出版社，1962：61.

图5-44　沙船模型

二、福船

　　福船，是福建、浙江沿海一带尖底海船的统称，其所包含的船型和用途相当广泛。

　　福建造船业历史悠久，春秋时吴王夫差曾在闽江口设立造船场[①]。三国时吴国曾在今福州置建安典船校尉，将罪人"送付建安作船"。唐宋时期，福建对外交流扩大。宋时的福州、兴化、泉州、漳州已成为重要的造船中心，当时朝廷遣使到外国时，常到福建顾募客舟，其船"上平如衡，下侧如刃，贵其破浪而行也"。船舶的这些特点为产生于后世的福船奠定了技术基础。

　　明天启元年（1621）茅元仪撰成《武备志》，博采历代兵书2000余种，继嘉靖年间成书的《筹海图编》之后，明确提出福船的船型系列。综合起来可以用图5-40表示。

　　据《武备志》所述，开浪船即鸟船，以其头尖故名。在福船船型系列

---

① 陈奇，陈颖东．中国福船［J］．福建造船，1992（1）：12.

中，以苍山船为最小。若敌船进入内海，因大福船、海沧船皆不能入，必用小苍船追之，用之冲敌颇便而健，温州人呼之为苍山铁，也有铁头船之名。"戚继光云：近者改苍山船为艟艞船，比苍山船尚大，比海沧船更小而无立壁（侧壁不披茅竹），最为得其中制。遇倭舟或小或少皆可施功。"

由之可见，鸟船只是福船的一种小型者，自然不能成为独立的船型。

图5-45　北京军事博物馆陈列的抗倭大福船

明代抗倭名将戚继光在闽浙沿海抗倭时，即应用了福船的系列船型。我们曾应邀为北京军事博物馆复原戚继光抗倭大福船模型（图5-45），当年陈列在该博物馆的古近代战争馆。该船型取吃水为3.5米，这相当于"吃水一丈一二尺"之数。水线长29.5米，总长40米，船宽10米，船深4.3米。该模型是由福建省惠安造船厂老工人完全按照福船的形制建造的，长约6米，保持了福船的全部特色和风格。

三、广船

南海郡的番禺县（今广州市），自战国以来即是重要都会，也是造船重镇。南海、合浦以及其南的交趾、日南（今越南境内），是汉代向印度洋航行的重要门户。诸地又盛产林木，是重要的造船地点。唐宋时期的广州、高州（今茂名市）、琼州（今海口市）、惠州、潮州等地的造船业兴盛。"广船原系民船，由于明代东南沿海抗倭的需要，将其中东莞的'乌艚'、新会的'横江'两种大船增加战斗设施，改成为良好的战船，统称'广船'。"①广船是当时中国著名的船型之一，在肃清倭患的战斗中作出了贡献。

《明史·兵制》对广船的评价是："广东船，铁栗木为之，视福船尤巨而坚。其利用者二，可发佛郎机，可掷火球。"《武备志》对广船缺点也有客观评价："广船若坏须用铁力木修理，难于其继。且其制下窄上宽，状若两翼，在里海则稳，在外海则动摇，此广船之利弊也。"

广船的帆形如张开的折扇，与其他船型相比最具特点（图5-46）。为了减缓摇摆，广船在中线面处装有深过龙骨的插板，此插板也有抗横漂的作用。为了操舵的轻捷，广船的舵叶上有许多菱形的开孔，也称开孔舵。广船在尾部有较长的虚梢（假尾）。

---

① 广东省地方史志编纂委员会. 广东省志：船舶工业志 [M]. 广州：广东人民出版社，2000：40.

图5-46 广船的帆形别具特点

图5-47 广船的复原模型（采自澳门海事博物馆）

第六章　海禁与中国造船业的衰落

第一节　海禁制约着海洋帆船的发展

一、明代中叶的海禁限制了中国帆船的发展

明代初年，中国沿海开始受到倭寇的骚扰。明太祖朱元璋为防止内地海商出海勾结倭寇为患，于洪武四年（1371）诏令"濒海民不得私自出海"，遂开中国实施海禁国策之先例。洪武七年（1374）"罢明州、泉州、广州市舶司"，洪武二十七年（1394）又严令"敢有私下诸番互市者，必置以重法"。明成祖朱棣是一位有进取精神的封建皇帝，由他倡导的郑和下西洋的伟大事业冲破了明初的海上禁令，采取海上开放的国策，重新开放明州等地市舶司，在世界范围内首开向海洋进军的先河，曾使中国成为世界第一造船大国和海军强国。可曾几何时，明廷在永乐皇帝死后，却一反他的开海国策，斥郑和下西洋为弊政，逆世界潮流而动，采取禁海、闭关的国策，从而使中国的海洋帆船在其发展巅峰上跌落下来。

到了明代中叶的嘉靖年间，禁海尤烈。嘉靖二年（1523）又罢浙、闽、粤三地市舶司。嘉靖四年（1525）规定"查海船但双桅者，即捕之"。嘉靖十二年（1533）复令"一切违禁大船，尽数毁之"，凡"沿海军民，私与贼市，其邻舍不举者连坐"。嘉靖二十六年（1547），浙江巡抚朱纨上任后，"下令禁海，凡双樯余皇，一切毁之，违者斩"，因官方深知"双桅尖底，始可通番"，这样尽数毁之，可绝其根。从禁造双桅航

海大船到全部焚毁，从打击海商到实行连坐，明朝对私人海上贸易的打击日甚一日，迫使不少海商集团为谋生计，不得不与"倭表里为乱"，进行武装反抗，沦为"倭寇"，实则真倭当时不及十之一二。

嘉靖年间的倭患实际上是明廷实施严厉海禁的恶果。御倭战争结束后，明朝不少官吏已认识到开放海禁的重要性，懂得了"市通则寇转为商，市禁则商转为寇"的道理。明朝政府面对"片板不许下海，艨艟巨舰反蔽江而来；寸货不许入番，子女玉帛恒满载而去"的现实，遂于隆庆元年（1567）"开海禁，准贩东西二洋"，取消了"片板不许下海，寸货不许入番"的禁令，于是中国的民间商船终于冲破封建主义的重重包围，成批的中国双桅贸易船（日本人称为唐船）活跃在中日航线上，中国的海上贸易开始苏醒。但就当时中国海船的吨位、性能、船队规模及海上航程而言，较之明初郑和下西洋时均呈明显的衰退趋势。具有成百艘大型远洋帆船队的郑和时代已经一去不复返了。即便如此，海商们为了冲开海禁的锁链，已经付出了很大的代价。

二、清代展海中寓禁海限制了中国帆船的发展

清朝建立后，为防止东南沿海居民及明末遗臣如郑成功那样以海外基地为桥头堡反攻，危及王朝的生存，于顺治十二年（1655）效法明朝又重下"寸板不得下海"的禁令。顺治十八年（1661），郑成功占领台湾后，清廷又颁布"迁海令"，强令闽、粤、江、浙沿海居民内迁30里，越界立斩，这较之明代的海禁政策更烈，再次给海商以致命的打击。结果反使郑氏独占通海之利。康熙二十三年（1684）收复台湾后，康熙皇帝由郑氏那里了解到开展海上贸易的诸多好处，遂于1685年正式废除"迁海令"，颁布了"展海令"，允许国人外出经商。

自清廷于1685年颁布"展海令"直到1840年的155年间，其中除康熙五十六年（1717）到雍正五年（1727）的10年间禁止中国商船前往南

洋通商外，对民船出海无有禁令。康、雍、乾三代君主都认识到开展海外贸易对增加税收、充盈国库的重要性，他们也不像明廷不少君主那样盲目排斥国外商船来华通商，还在1685年颁布"展海令"的同时，即于粤东澳门（后为广州）、福建漳州（后为厦门）、浙江宁波、江苏云台山（后为上海）分别设立粤、闽、浙、江四海关[①]。康熙三十七年（1698），宁波海关还于定海建红毛馆，以接待英国商船。于是海外贸易一时又兴盛起来。后来为防止英国等东印度公司商船大量涌入中国内海，滋生事端，遂于乾隆二十二年（1757）以"民俗易嚣，洋商错处必致滋事"为由，下令关闭闽、浙、江三处海关口岸，仅限广州一处对外通商。乾隆二十四年（1759）又指定广州黄埔为外商船舶唯一停泊口。

如前所述，清朝建立后，海禁政策时松时紧，其中大部分时间呈开海的态势，一度使中国的海外贸易较之明代有所复苏和发展。但是开展海外贸易之利和海商集团内外勾结危及朝廷统治之弊始终是清朝统治者制定国策时考虑的相互矛盾的两个方面，且常以后者为主要方面。因此即使在清廷实施"展海令"期间，常寓禁海于开海之中，且不说朝臣们"禁海""开海"之争不断，清廷虽在衡量利弊得失后不得不开海，但对出海帆船的大小和桅数均严加限制。在1684年清廷解除海禁之初，即规定："凡直隶、山东、江南、浙江等省人民，情愿在海上贸易捕鱼者，许令乘载五百石以下船只，往来行走。……如有打造双桅五百石以上违式船只出海者，不论官兵民人俱发边卫充军。"（《光绪大清会典事例》）上述那种允许出海的所谓五百石以下、梁头（指船宽）不足七八尺的单桅小船，在海中难抗风浪，无法远航，名曰开海，实与禁海无异。实际上，在开禁之初，江、浙、闽、粤等地方政府曾组织大批官民乘海船赴日，与荷兰追逐对日贸易

① 彭泽益.清初四榷关地点和贸易量的考察［J］.社会科学战线，1984（3）：128-133.

之利，但为了出海远航，起码要用双桅海船，有时还需三桅大船出海，只准一桅帆船出海的禁令如同一纸空文。于是到了康熙四十二年（1703）不得不对出海帆船的大小和桅数放宽限制。根据当时闽浙总督金世荣的建议，允许建造双桅海船，但限定其梁头不得超过一丈八尺。此后，这项限制一直视为严令。既有这样的限制，出海帆船当难以超越甚多。偶有三桅、梁头超过一丈八尺的大船出海，已是一种特例了。当然不可能再去建造载重量大、抗风性能好的三桅以上的航海大船了。一艘梁头仅及一丈八尺的双桅帆船当无法在风力的利用上有较大的发展余地。

雍正十一年（1733）颁令："往贩外洋商船准用头巾①、插花②，并添竖桅尖；其内洋商船及渔船，不许用头巾、插花、桅尖。"（《光绪大清会典事例》）一旦民用商船在满足梁头不超过一丈八尺禁令的前提下，性能有所改进，清政府即严令禁止使用。如乾隆十二年（1747）因"福建省舫仔头，桅高篷大，利于走风"，不利官船追逐和查验而下令"未便任其置造，以致偷漏，永行禁止，以重海防"。为防止沿海帆船行走内海生事，后又规定航于内洋的"商船、渔船不许携带枪炮器械"，大大削弱了沿海商船的海上自卫能力。由上述众多禁令中可见，对远洋帆船限制较松，对沿海帆船限制甚严。实际上，许多远洋帆船往往超出禁令限制，常得官方默许，而沿海帆船一旦性能有所改进，就遭官方禁止。种种禁令严重限制了中国海洋帆船的发展，使中国海洋帆船性能在清朝 150 年所谓"开海"的时期内竟无所长反而裹足不前。

三、明末清初往返于日本长崎港的中国帆船

在中国明末到清初实行海禁政策的当时，东邻日本则正处于江户时代

---

① 即以布数十幅为帆，张在大篷顶上，如头巾，能使船身轻。
② 即以布帆张在大篷两边，遇旁风使船布欹倾。

（1603—1868），也在实行锁国政策，却开长崎一港开展与中国、荷兰的海上贸易。不论是中国的货物运往日本，还是日本的货物运往中国，统一由中国沿岸各港与长崎港之间的中国商船（当时称之为唐船）负责运载。当时，由唐船运载的货物远较荷兰船的货物更为珍贵。唐船的英姿，在介绍长崎读物的插图中，或在长崎的版画中均有遗存，不仅从美术史的角度，即使从海事史的角度来考察，也颇为珍贵。

1971年7月至8月，英国李约瑟博士在日本逗留期间，了解到《唐船の图》并产生强烈的兴趣。在李约瑟和日本著名学者薮内清两位博士的敦促下，日本关西大学大庭修教授于1972年3月在关西大学的学刊上系统介绍了《唐船の图》，并发表了十一型中国帆船和一型荷兰帆船的图样（黑白照片）。

1991年12月，世界帆船史国际学术讨论会在上海召开，大庭修教授应邀到会并发表了《江户时期日本画师笔下的中国帆船》，论文中收录了30幅中国帆船的彩色图样。

日本海事史学家崛元美在其《唐船之图及其背景（其一）》一文中这样评价："在英国李约瑟编撰的鸿篇巨制《中国的科学与文明》中，在322页讲述航海技术的125幅插图中仅有2幅具体表现古代海船的图样。描绘中国古代船舶的绘画太少，造成了船舶史研究上的困难。由李约瑟的著作可以看出，此卷《唐船の图》可以确信是世界上研究中国船舶的重要资料。"

据日本研究学者在20世纪50年代和60年代发表的文献和著作来看，自康熙二十四年（1685）颁布"展海令"起，中国赴日的商船数量猛增。例如：1683年为24艘，1684年也是24艘，1685年为85艘，1686年则达到102艘，到康熙二十七年（1688）则高达194艘。自此以后是由日本方面对每年到港船舶数加以限制的。

唐船的始发港是山东（山东省）、南京、舟山、普陀山、宁波、台州、温州、福州、泉州、厦门、漳州、台湾、沙埕（福建省）、安海、潮州、广东、高州、海南等，以及来自安南（今越南）、广南（今越南归仁附近）、占城、暹罗、腊贾（马来半岛中部东岸）、宋卡、北大年、马六甲、爪哇等东南亚各地的港口。但是，从所绘船图可以看出，即使是来自广南和爪哇的船，也尽显中国船的风格。所绘暹罗船除了首部有一斜桅挂软帆是受西洋船风格的影响外也是中国船风格。

《唐船の图》画卷除了在色彩和美学上的成就之外，还在各部位注明名称和尺寸。《唐船の图》中有十一型中国帆船：南京船、宁波船、宁波船（停泊中）、福州造南京出航船、台湾船、广东船、福州造广东出航船、广南船、厦门船、暹罗船和爪哇船。今载出其中的 7 幅，其图分别列在图 6-1 到图 6-7。

图6-1　南京船

图6-2 宁波船

图6-3 宁波船（停泊中）

图6-4　厦门船

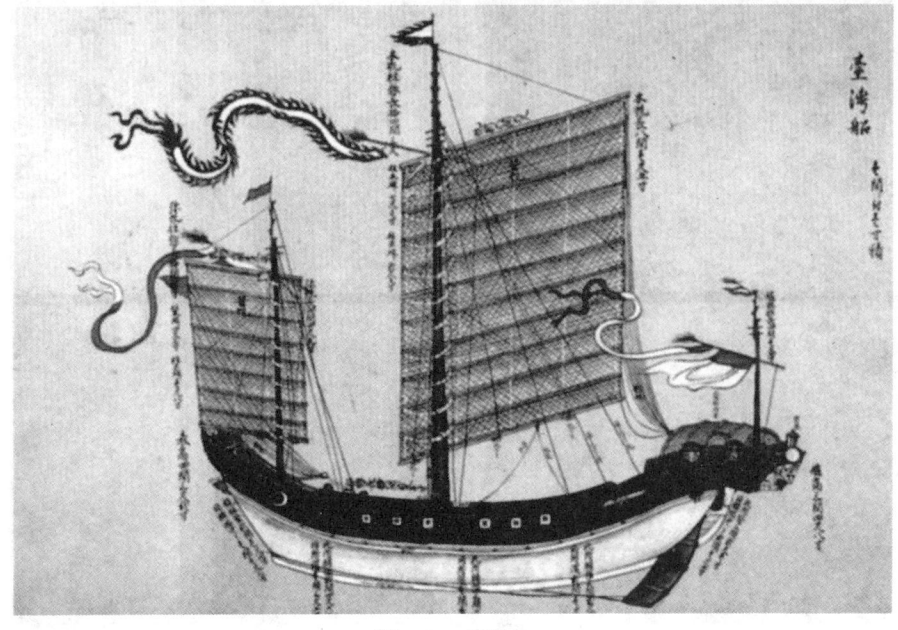

图6-5　台湾船

图6-6　广东船

图6-7　福州造广东出航船

　　大庭修教授在介绍南京船时引《长崎观览图绘》之注，指出南京船即沙船，并引用一大段《武备志》对沙船的评述；然后指出，与福船、苍山船、广东鸟尾等具有尖底即带有龙骨的船相比，沙船具有底平，有利于在北洋浅海航行，不适于航向南洋深海的特点。还讲到《武备志》所绘沙船，其尾部高度较大庭修本人在论文中所列的尾高更高。

　　日本海事史学家堀元美认为："中国作为大陆国家的同时，也是具有（东部和南部大陆）18000 多公里海岸线的海洋国家。在内陆还有长川大河和广阔的湖泊，自古以来舟船发达，在经济活动和军事活动方面都有重大的实绩。中国是文学之国，其文献之丰富达到惊人的程度。对舟船、海运、海战的记录可谓不少，然而奇怪的是遗留的关于舟船的绘画、雕刻等形象资料却非常之少。"因此他特别看重《唐船の图》对中国船舶史研究的重大意义，遂在日本《中国涂料》杂志 1984 年第 1—4 期，连续介绍《唐船の图》及其背景。还用整页刊登了宁波船、南京船、福州造广东出航船、暹罗船和厦门船等五型中国帆船的画，更利用该杂志的封面介绍了四型船舶的局部（图 6-8 至图 6-11），这十分有利于加深对中国古代帆船结构和舾装设备的了解。

　　他在介绍南京船用于抗横漂的披水板时，提到荷兰沿海与扬子江口具有相类似的水文条件，其古帆船也备有相同原理的下风板。不拘于东洋西洋，针对同样的水文条件采取同样的对策而分别取得相同的成果，这是饶有趣味的。

图6-8　宁波船的船尾部位图

图6-9　南京船的中央部位图

图6-10　福州造广东出航船的船尾部位图

图6-11　宁波船的船首部位图

第二节　清代沙船与其他沿海船型

一、清代上海沙船

沙船，其船型的形成可追溯到南宋时期名为"防沙""平底"的战船。成书于明嘉靖年间的《南船纪》中有"二百料巡沙船"。成书于明嘉靖年间的《筹海图编》是最早出现"沙船"图和文字的文献。还有以已佚名的《皇明疏奏类抄》为据，确认"沙船"之名，"始见于明嘉靖年间"。①

康熙二十三年（1684）开放海禁，南北沿海航路畅通，沙船有了发展的契机。从前，沙船聚集在苏州管辖下的浏河口。清代的上海已成为苏州的外港，所以大批沙船改泊在上海的吴淞口。到了乾隆年间，上海的沙船已是"舳舻相衔，帆樯比栉，不减仪征、汉口"。到了嘉庆年间，上海的沙船被描绘为"帆樯如栉，似都会焉"。

上海地处长江三角洲商品经济最发达的地区，它既是长江航运与沿海航运的枢纽，又是沿海航运的中心之一。到嘉庆年间，"其海船帆樯足以达闽、广、沈、辽之远，而百货集焉"。沙船聚于上海，约三千五六百号，其船大者载官斛三千石，小者千五六百石。清代每年有大量的大豆、豆油、小麦等经由牛庄、天津等港南下上海，转口入长江西运，又有大批

---

① 罗传栋.长江航运史［M］.北京：人民交通出版社，1991：349.

棉布、丝绸、茶叶、糖等由上海转口北运。沙船南下时以大豆为大宗，故有"豆船"之称。沙船北上时以棉布为大宗，《长江航运史》说："沙船之集上海，实缘布市。"

图6-12　泊港的沙船群（采自澳门海事博物馆1994年葡萄牙文版《中国帆船》）

沙船，由于吃水常受限制，为增加单船的载量，船长相对较长，长与宽之比值较大，适于采用多桅多帆，这就极有利于提高航速。

周世德在20世纪60年代，曾对当代沙船进行过调查研究[1]。其调查研究的沙船的尺度比值如下：

长宽比 L/B：3.6—5.1；长深比 L/H：8—15.6；宽吃水比 B/T：2.7—5.8；深吃水比 H/T：1.1—2.1；长吃水比 L/T：13.8—21.1。

上述尺度比值所取的船长是水线长，如果船长取总长，则长宽比还要大。

沙船尾桅尾帆的作用，主要在于助舵。由沙船图样可以看出其大有助于船的操纵，因此要将尾桅尾帆尽量设在船体的尾端。为了调控尾帆的缭绳以调控尾帆的帆角，应将沙船的虚梢尽量伸向船后。

---

[1]　周世德. 中国沙船考略［C］//中国造船工程学会. 中国造船工程学会1962年年会论文集. 北京：国防工业出版社，1964：48.

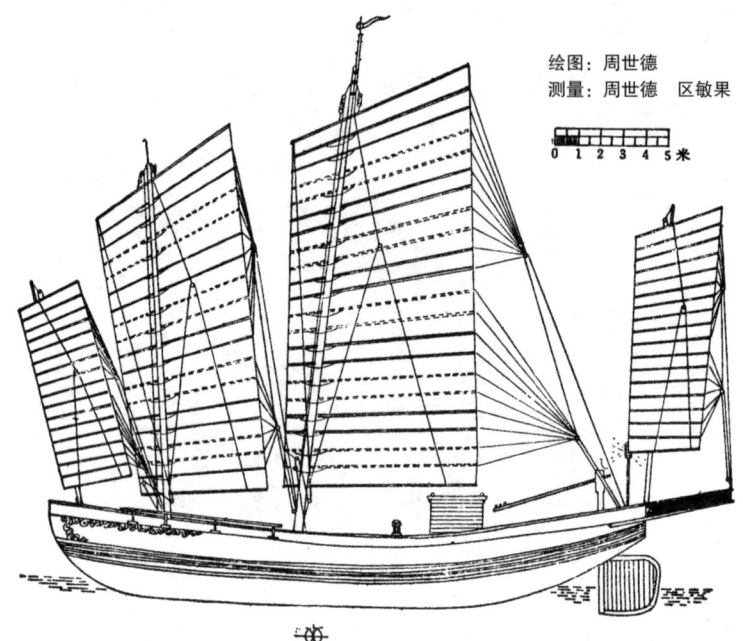

绘图：周世德
测量：周世德　区敏果

图6-13　沙船的总布置图

图6-14　沙船的模型图（采自嘉兴船文化博物馆）

由于沙船船长相对较长，而吃水较浅，船长与吃水之比常大于15。在受到侧风吹袭时，常常会使船产生横漂。为了避免横漂，在沙船中部两舷均设披水板，遇侧风时在下风舷放下披水板则可以避免或减缓横漂。披水板为我国首创，非常适用于长江口以北沙多水浅的北洋航线。

为了减缓船舶在风浪中的摇摆，我国早在宋代就发明和实际应用了减摇龙骨，现代船舶将之称为舭龙骨，在本书宋代海船的发掘与研究中已有阐述。在清代著作《江苏海运全案》中，将减摇龙骨称为"梗水木"。《江苏海运全案》写道："凡造沙船，多用整木，取其坚固。每逢夏日，将船曳于坞内，先刮去船底及两旁尘垢，晒干后用油灰麻皮捻之，抹以桐油，谓之上高坞。其省者但于沙滩上，加涂桐油，谓之抹水油。然每年之间，必须上高坞一次，以修葺之。"《江苏海运全案》在沙船底图中绘有"梗水木"，即今日的"舭龙骨"（图4-23）。

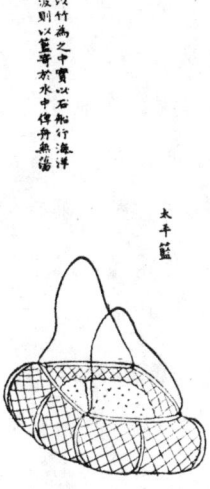

图6-15　设于沙船尾部两舷的"太平篮"（采自《江苏海运全案》）

为了减缓船舶在风浪中的摇摆，在沙船尾部的两舷还要各加设一只"太平篮"。《江苏海运全案》记有："太平篮以竹为之，中实以石。船行

海洋或有风波，则以篮寄于水中，俾舟无荡。"（图6-15）

道光五年（1825），"洪泽湖决，漕运梗阻"，江苏巡抚陶澍策划海运漕粮百六十余万石，并亲赴上海筹雇商船，体恤商艰，群情踊跃。《清史稿·陶澍传》记有："（道光）六年春开兑，至夏全抵天津，无一漂损者。"清末重开前代海运漕粮之策，沙船发挥了重大作用，航商也获得了显著的经济效益。海上漕运使上海沙船业在鸦片战争前的道光年间得以充分发展，常年保有2000艘的水平，总吨位约为37万吨。

二、其他沿海船型

1. 北直隶帆船

北直隶帆船属于以渤海湾大沽、牛庄等港口为母港的北方船型。图6-16所示为北直隶五桅帆船，由图可知该船型也是方头、方梢、平底的海船船型。由于其航线与上海北航的沙船航线趋于一致，船型与沙船有较多的共性。除主桅在主帆之上设有软帆"头巾顶"之外，在二帆与主帆之间还挂以三角软帆，此三角帆在高处又挂起一幅纵式软帆。在顺风航行时这幅软帆能起到锦上添花的作用，有利于提高航速。笔者于1959年曾参与当时的全国木帆船普查工作，并在鸭绿江口的丹东市测绘过多种帆船船型，就船型特征来看多为方首、方尾的平底船，与北直隶帆船颇有相似之处。山东省长岛航海博物馆是在庙岛群岛上的天妃宫原址上建设起来的。馆藏许多船模也多是方首、方尾和平底的。北直隶帆船船型确实是北方黄海、渤海区域的代表性船型。据统计，道光年间，直隶全省有帆船1000艘，年货运量约17万吨；山东沿海各港有帆船600艘，年货运量约4万吨；盛京（今辽宁）有帆船200艘，年货运量约2万吨。

2. 上海宁波间的卤蛋船

上海宁波间流行一种蛋船，略如图6-17所示。该船的型线特征是平头首，具有倒梯形的尾封板，且属于无底龙骨的平底船。蛋船最初是为装

图6-16　北直隶五桅帆船（采自澳门海事博物馆1994年葡萄牙文版《中国帆船》）

运盐卤而建造的，也称卤苴船，起源于杭州、绍兴、余姚、宁波一带，主要航行于上海和宁波之间，但也能远航至大连、福州、台湾，甚至越重洋达日本及南洋群岛；同时又能溯江而上至武汉，航行区域极广。卤苴船的型线好，阻力小，故航速较高，从宁波到上海只需15小时左右。由于成功地应用了披水板，因此在航行中减少了横漂。由于分舱多，舱口小，因此装卸多有不便。

3. 宁波绿眉毛船

宁波绿眉毛船被认为是浙江沿海优秀的船型之一。该船型历史悠久，数量大，分布广，但多集中在宁波、舟山、温州、台州一带。主要航线为温州—宁波—上海，但也能远航至山东、福建、台湾，甚至到达日本及南洋群岛。

图示6-18绿眉毛船是参照浙江帆船资料专门创作的。从型线、帆装、总体布置及外形等诸多方面看，与《中国帆船》中的宁波乌漕船几近一致。笔者以为很可能是同一种船型的两种叫法。绿眉毛船航速高，从吴淞口到定海只需18小时左右，顺风时，仅需10小时左右。该船舷弧（首

图6-17　蛋船图样及其首尾形状（采自澳门海事博物馆1994年葡萄牙文版《中国帆船》）

图6-18　浙江绿眉毛船

尾起翘）深，梁拱高，抗风浪性能好。由于舷墙高，舱口小，装卸不够
方便。鸦片战争前在浙江各港往来的海船有1000多艘，年货运量达10万
吨，大部分集中于宁波。

4.福建沿海的船舶

丹阳船图是我们依据福建传统船舶资料设绘的，如图6-19所示。路易斯在其《中国帆船》中所绘福建山东船，与之十分相似，只是未绘出背景及环境。丹阳船也称担仔船，是福建优秀的船型之一，经常航行在福州、晋江、连江沿海一带，南至汕头，北至上海。航速快，操纵灵活，安全性好。隔舱较密，船身坚固，但舱口过小而不便于装卸。其龙骨中部略向上翘曲并呈曲线形。当首尾恰遇波峰的中垂状态时，有利于提高船体强度。

图6-19　福建丹阳船

图6-20所绘福建白底船，是福建莆田、惠安一带航行于内海湾澳的船型。该船船首尖削，型线光顺，上层建筑简洁。稳性好，操纵灵活，适于在内港和沿海作短途运输，也适于在近海钓鱼、捕鱼。

锚缆船历史悠久，多分布在福建东北部一带，航行区域与丹阳船相似，吃水深，载量大，用材省，且舱口大，能装大件货物。但航速、稳性、操纵灵活性均不及丹阳船。舱面的房间建筑偏高，重心高，对风浪较

图6-20 福建白底船（采自澳门海事博物馆1994年葡萄牙文版《中国帆船》）

为敏感，横稳性也较差。据统计，鸦片战争前，福建全省存有海船1500艘，年货运量20万吨。

5. 广东艚船

广东艚船是大型沿海货船，既可出洋贸易，又适于沿海运输。

据清人屈大均所撰《广东新语》所载，广东船，"其漂洋者曰白艚、乌艚，合铁力大木为之，形如槽然，故曰艚。首尾有状海鰌（鲸），白者有两黑眼，乌者有两白眼。海鰌远见以为同类，不吞噬"。广东船特点之一是用材考究。粤西山区出产优质木材，坚硬如铁，古称铁力木。用铁力木建造的广船优于其他各型船舶。图6-21所示广东艚船是以文献所记并参照现代广船的特点而设绘的，其作者为武汉著名科普画家毛小琪。其帆有如大型折扇，船尾有虚梢（假尾），对垂直布置的开孔舵可起到保护作用，伸向尾部的虚梢可用来调控尾帆的缭绳，以调节帆角。首部设木碇，尾端吊着小型交通艇。其轴呈垂直的开孔舵，在转舵时较为省力，舵效也

图6-21　广东艚船

有保证。还常在中线面处设计一个抗横漂兼防摇摆的中央插板，对克服和减缓因南海突风引起的摇摆起到很大的作用。道光年间，广东海船保有量约为 1600 艘，年运量 20 万吨。广东船分别在广州、潮州、琼州、高州设厂建造。①

---

① 叶显恩. 广东航运史 [M]. 北京：人民交通出版社，1989：248-251.

第三节　中国传统帆船的舾装装备

一、桅、桅夹板和桅的起倒

桅的作用是多方面的，如挂旗帜、灯号；航行中必要时在桅顶瞭望；船舶在江河中航行经常要拉纤，而纤绳就要拴在桅上。桅的作用主要还是挂帆。中国传统船舶很早就实行多桅多帆。1405 年，郑和七下西洋时的大型宝船，就是九桅十二帆。

中国传统的风帆通常是硬帆，可以利用八面来风。风帆在航行中为了适应不同的风向，需要围绕桅杆作大角度的回转。因此，中国传统船舶的桅杆，其固定方法与西方船舶有极大的不同，不能像西方帆船那样在两舷用强劲的稳索固定桅杆。

中国传统船舶，在舱壁之前，在龙骨或龙骨板之上铺以桅座板。在桅座板上凿出一对桅夹板的卯孔，一对桅夹板的下端以榫头与卯孔相榫接，并将桅夹板钉牢在其后的舱壁板上。桅杆竖在一对桅夹板之间，更用木栓将桅杆与桅夹板相拴接。钉牢在横舱壁上的桅夹板，通常要高出船舶甲板 1 到 2 米，对桅杆有很强的夹持作用。风帆产生的对船舶的推进力，通过桅杆、桅夹板传递给桅座板、舱壁板以至整个船体。桅杆在桅夹板之间可以起倒。由于桅夹板在舱壁之前，桅杆只能向前倒。如果舱壁的间距过小，则须在桅杆之前的舱壁板上开一个槽口，以不妨碍桅杆向前倾倒。

二、中国风帆的特点和优点

中国帆船早期的风帆是用植物叶或竹篾编织而成的，通常谓之硬帆。最早使用硬帆的时间尚无考。但是，在跨湖桥遗址就出土了与独木舟同时代的编织物，如图 1-5 所示，有的学者认为可用作风帆。

当风帆由竹篾过渡到布帆时，则在纵帆上设置很多横向的帆竹（横桁）。当风帆受到不同方向的风吹袭时，由于有帆竹的作用，风帆的形状并无大的变化，也相当于是硬帆。

硬帆有如飞鸟的翅膀或飞机的机翼。当风与帆呈某一小角度并向帆吹袭时，则帆将产生很大的与风的方向垂直的力，有如风对飞机机翼产生的升力。此力在船舶前进方向的分力就是对船舶的推进力。这是中国风帆的特点，也是与西洋垂式软帆最大的区别。

西洋垂式软帆在受到来自船尾方向的风（顺风）吹袭时船速很快，但是来自侧向的风则对软帆起不了多大作用。中国式硬帆则能很好地利用侧向风。中国式硬帆是"风有八面，惟当头风不可行"。即使遇到斜逆风，也可以"调戗驶风"，即走"之"字形航迹，也可以到达目的地。能利用八面来风是中国帆船最大的特点和优点。

中国式硬帆在停泊时落帆，开航时扬帆。由于硬帆的帆竹很重，因此在扬帆时很费力，要多人合力而为，而且经常要使用扬帆绞车。相反，落帆却比较容易，偶遇狂风时可以迅速落帆以策安全。这是中国式硬帆的又一个优点。此外，当遇到大风或风向不稳定时还可以扬半帆。

由图 6-22 风帆受力示意图可知，当风帆获得推船前进的推进力的同时，还伴有能使船产生横漂的横漂力。如果此横漂力不是作用在船的重心，则会使船围绕重心旋转，导致偏航。为了避免偏航，控制既定航向，就需要用舵。对于小型帆船的驾驶人员而言，既要控帆，也要掌舵。舵要与风帆相配合。"看风使舵"是一个地地道道的航海术语。

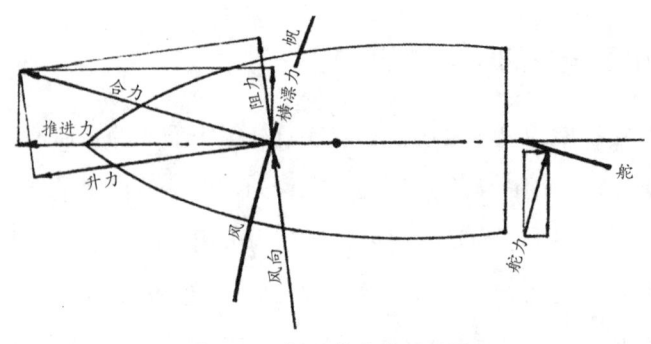

图6-22　帆及舵受力示意图

三、帆的升降和绕桅杆的回转——帆的各种索具

鉴于中国式风帆的特点，航行中要根据风向的变化随时调整帆角。调控帆角与其说是一种技术，莫如说是一种艺术。为了调控风帆，在实践中出现了一系列索具。图 6-23 为桅、帆及各种索具的总图。图中包含的索具共有升帆索、托帆索、抱桅索、围桅绳、控桅索、吊角索和缭绳 7 种。为了看清楚每种索具的构造和形状并了解其作用，下面给出每种索具的分图。

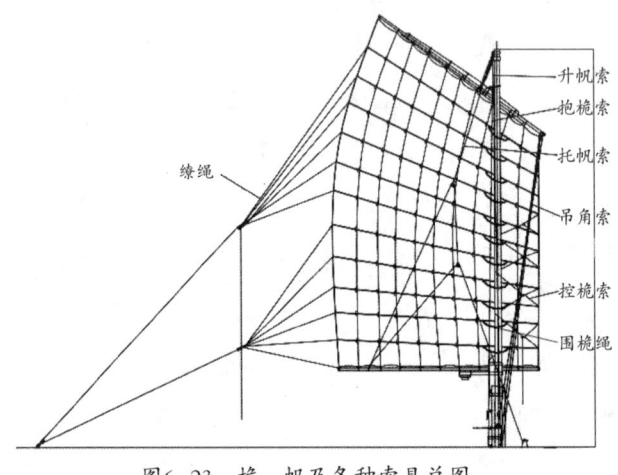

图6-23　桅、帆及各种索具总图

1. 升帆索

由于帆很重，在帆的上横桁与桅杆之间连接一组滑轮，通过绞车向下拉紧升帆索，则帆可升起。如果逐渐放松升帆索，则帆可缓缓落下。

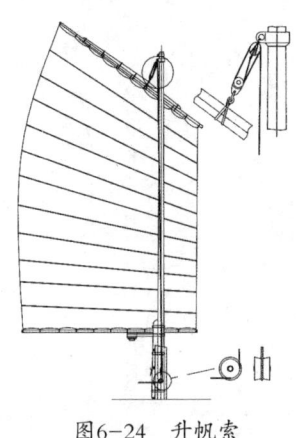

图6-24　升帆索

2. 托帆索

托帆索上端与桅杆相连，当拉紧托帆索，则可将帆的下横桁托在适当高度。这样就不会影响水手们在甲板上的操作。当落帆时也能将风帆托在适当高度以便操作。

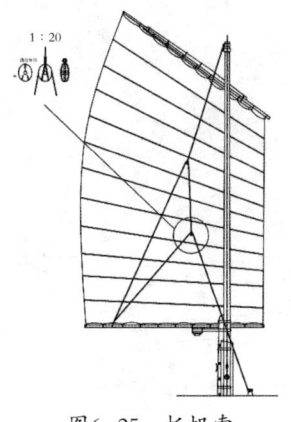

图6-25　托帆索

3. 抱桅索

抱桅索的作用是将帆的上横桁与桅杆相贴紧，便于调控帆角，否则在受到风吹袭时，整个帆将飘荡不定、难以调控。

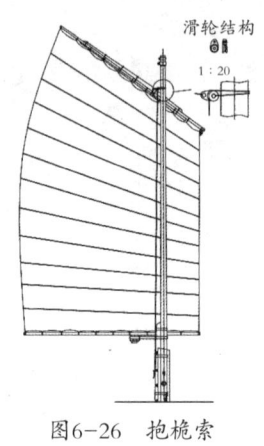

图6-26　抱桅索

4. 围桅绳

不仅上横桁要与桅杆贴紧，通过围桅绳能使每个帆竹都不远离桅杆。这样风对帆的作用力能均匀地传递到桅杆并通过桅杆传递到整个船体。每当升帆或落帆时，这许多围桅绳与桅杆之间有相当的摩擦力。为了减少摩擦力，有的帆船的围桅绳会串上些木质滚轮。

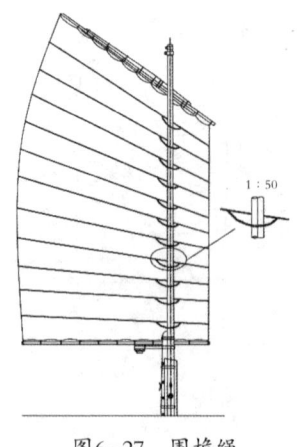

图6-27　围桅绳

5. 控椳索

中国式风帆是平衡纵帆。通过控椳索可以调节帆在椳杆左右的相对面积。例如，当遇到顺风时，常常将一面帆甩到左舷，另一面帆甩到右舷，即所谓使蝴蝶帆，这时将能获得较高的航速。控椳索用于调控帆的平衡面积。如图6-28所示，拉紧控椳索能减少风帆在椳杆右边的平衡面积。

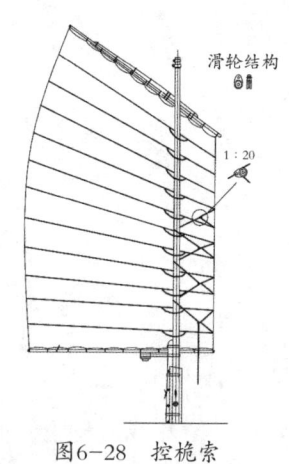

图6-28　控椳索

6. 吊角索

拉紧或放松吊角索，可以调节上横桁的倾角。拉紧吊角索，上横桁将变得陡峭，可以利用顶端的大风，提高航速。

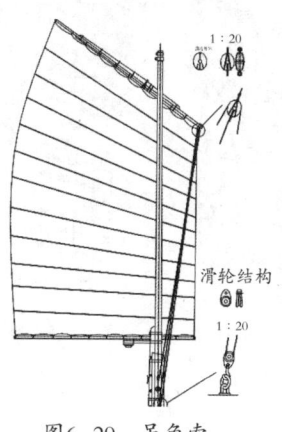

图6-29　吊角索

7. 缭绳

调控缭绳就能调控帆角，使帆船获得更大的船舶推进力，以提高航速。

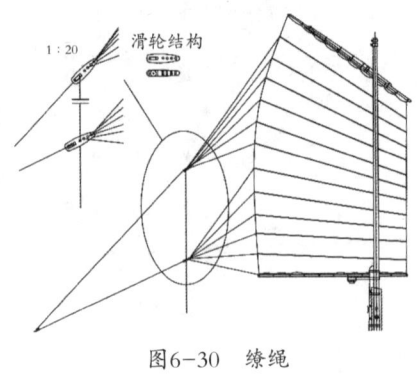

图6-30 缭绳

对于大型帆装，将缭绳分成几组，然后汇聚到总缭绳，如图 6-31 所示。各种索具和缭绳均使用各种滑轮或滑轮组，如图 6-32 所示。

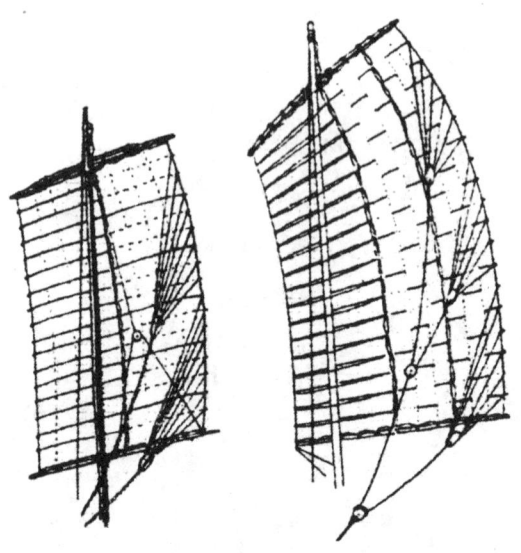

图6-31 缭绳组和总缭绳

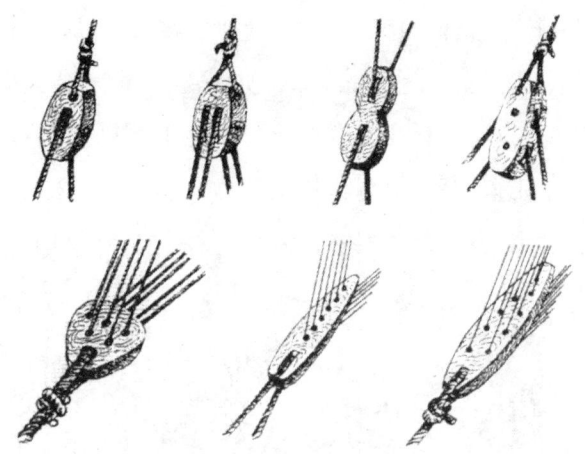

图6-32　各种索具和缭绳所应用的滑车及扁长滑车

四、碇、锚及其起落

船舶要有行有止。若要让船舶停下，早期要下碇。碇是石头做的，也称作垂舟石。在广州东汉墓曾出土石木结合的碇，因为有木爪抓进泥土，增大了停船阻力。汉代的碇石如何起落迄今尚不十分清楚。唐宋时期，碇的技术较为成熟，主要使用木碇，或者辅以石以增加碇的重量。从遣唐使船的图片中已经可以看到起碇绞车。元代开始出现铁碇。中国独创的四爪铁碇出现在明代，开始被称作四爪猫。明代及以后才出现"锚"字，凡是泊船的属具统称为锚，如铁锚、木锚、石锚等。

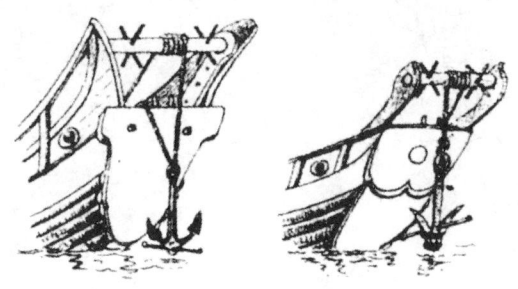

图6-33　设在船舶首部的起锚绞车

碇或锚都要拴上缆绳再抛到水中，使船舶在水上得以停住。开航之前要起锚，通常在船舶首部设起锚绞车，如图6-33所示者为横卧式绞车。对于大型的锚具，起锚要使用立式绞盘，需要几个人一同推转绞盘才能起锚。立式绞盘的用途广泛，既可以用来起锚，也可以用来绞缆索。古战船拍竿的起落也要用绞盘。绞缆索时，为使缆索转向，可利用转向滑车。

图6-34　木质立式绞盘

五、舵叶的转动和升降

旋转舵柄即可获相应的舵角以操纵航向。

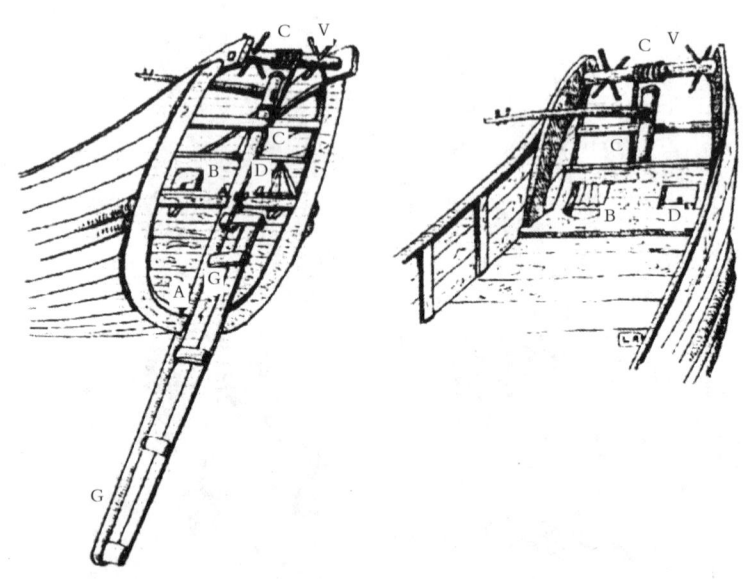

图6-35　福船的舵叶转动和升降机构

　　舵叶可以升降的记录最早见于《清明上河图》。该图中的舵的上方有一圆辊并绕以连接舵叶的绳索或链条。将舵叶提起可使舵得到保护，在深水航道时将舵叶沉下可提高舵效。如图 6-35 所示，向前转动绞车棒 V，则绳索 C 即能带动舵叶上升。反之，向后转动时则舵叶降下。图中偏左处 B 有一橹支钮，是用来支撑橹的，用作摇橹。偏右处的孔口 D，通常是厕所的排污口。尾视图的伞形物是一种装饰，也可以防止波浪的冲击和海水倒灌。

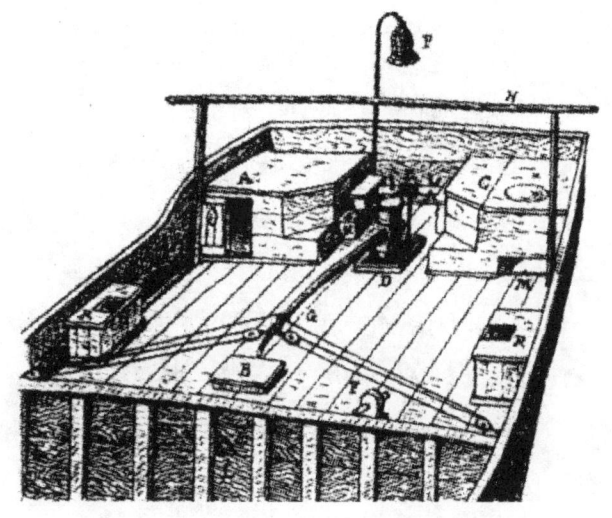

图6-36　广船的舵升降绞车和舵柄滑车组

　　舵叶在波浪和水流的冲击下，转动和把定舵柄都相当费力气。对大型船舶，常在舵柄与两舷边之间设一滑车组，通过这滑车组可使转舵或把定舵柄较为省力，如图 6-36 所示。

结束语

　　读罢《中国古代海洋船舶》，或许会对中国古代船舶有一个宏观的印象：中国古代船舶起源甚早，现已发现的跨湖桥独木舟已经具有 8000 年的历史。中国是世界上少数舟船历史悠久的国家之一。

　　中国既是国土广袤的大陆国家，也是具有漫长海岸线和宽阔海洋面积的海洋国家。早在春秋时代，中国就开始进行了海上航行和海战。

　　到秦代，有徐福入海求仙药的文献记载，又有徐福东渡日本的民间传说。到了汉代，则有中国航海船舶从广东沿海的徐闻、合浦出航，开辟经南洋诸国到达印度半岛南端和斯里兰卡的海上丝绸之路。

　　唐、宋、元三朝，国力强盛，造船业与航海业处于世界领先地位。船尾舵、车轮舟、水密舱壁和指南浮针，是中国在造船领域的四项重大发明，为世界科技史学家所公认。

　　自明永乐三年（1405）起，由郑和统帅的宝船队七下西洋，这一航海壮举对全世界的航海业有重大而积极的影响。郑和船队与南亚、西亚和北非广大地区进行了经济与文化交流。郑和以后，明朝政府竟将下西洋视为弊政而骤然停止，郑和七下西洋则成了空前而绝后的了。

　　明代有一批关于船舶及船厂的著作问世，从中可以了解中国船舶的发展历程。

　　自明中叶起至清末的闭关锁国政策，导致中国造船业与航海业的衰落。中国几乎完全退出了远洋航海。

鸦片战争时期，在中国落后挨打的局面下，魏源等有识之士就看到而且意识到：要造船铸炮，"师夷长技以制夷"。由此兴起的洋务运动，使中国近代造船业得以发端。洋务运动在帝国主义的压迫下，加上封建主义的腐朽，最终并没有达到"御侮"的目的，也没能"自强"起来。但是，从科学技术的发展进程看，发端于洋务运动的近代造船技术是中国人最早引进的一种先进的生产力。它对于发展我国的造船业不仅是必要的，而且是贡献巨大的。

1949 年以后的中国造船工业，经过 70 年艰苦卓绝的努力和奋斗，已经建立起具有自主科研、设计、配套和总装能力的船舶工业体系。当今，中国已经成为世界上重要的造船国家。改革开放 40 多年里，中国在造船领域已经迈出了四大步，或者说实现了四大跨越。第一步，在 1982 年实现了中国建造的船舶进入国际市场。第二步，1994 年，中国船舶产量排名世界第三位。第三步，2005 年，中国船舶产量突破 1000 万载重吨。第四步，2010 年，中国造船业的三大造船指标，即造船完工量、新船订单量、手持订单量全面跃升为世界第一位。这四大跨越都具有里程碑的意义。

如今，中国已成为世界第一造船大国。然而，我们离世界造船强国还有相当的差距。但是，我们相信，经过努力，这个差距是可以缩小的。我们的祖国曾经长时期处于世界造船强国的地位，为人类的发展做出过重大贡献。今后，我们的任务就是继续努力奋斗，为建设造船强国、为对世界的发展做更大贡献而努力奋斗。